Briefe von ...

Die Deutsche Nationalbibliothek verzeichnet diese Publikation in der Deutschen Nationalbibliografie; detaillierte bibliografische Daten sind im Internet über http://dnb.dnb.de abrufbar.

Oleanderstraße 12 - 41470 Neuss
Tel. 0 21 37/95 27 88
Fax 0 21 37/95 27 83
Layout, Satz: Wolfgang Reif
Covergestaltung unter Verwendung eines Fotos
von stock.adobe.com

ISBN 978-3-928249-89-8
www.skript-verlag.de

Eleonore Hillebrand

Briefe von ...

Aus meiner Korrespondenz mit Sachen

Inhalt

Eleonore Hillebrand, geboren in Rees (Niederrhein), ehemalige Rechtspflegerin, lebt in Neuss, schreibt Lyrik und Kurzprosa, veröffentlicht in eigenen Büchern und in mehreren Anthologien, Herausgabe eines Sachbuchs „Neusser Speisekarte“ und der Anthologie „Neuss: literarisch“ als Leiterin des Neusser Autorenkreises - NAK von 2016 bis 2021. Absolventin mehrerer Schreibwerkstätten. Seit 2013 ständige Autorin im Online SPIRITletter von PUBLIK FORUM.
Mitbegründerin bei „Die Gruppe 48“.

Vorwort

Als ein Bekannter hörte, dass ich eine Korrespondenz mit Sachen und Begriffen für ein Buch begonnen hätte, meinte er: Interessant wird es erst sein, wenn sie dir antworten.
Ein reizvoller Gedanke, aber ich war gut damit beschäftigt, mein Denken über die Sachen, die meine Alltagsbegleiter sind, zu präzisieren und die Formulierungen der Briefe dazu zu finden.

Ein paar Monate nach Erscheinen des Buches kam mir die Bemerkung des Bekannten wieder in den Sinn. Ich bedauerte augenblicklich, mich nicht direkt in meinen „Briefen an …" mit den Antworten beschäftigt zu haben.
Persönliche Briefe schreiben ist bei aller Freude auch ein mühevolles Unterfangen, wenn Schreiberin und Schreiber den Adressaten oder die Adressatin, ihre vermeintlichen Gefühle und Interessen mit im Auge haben. Banale Ichmitteilungen können schnell langweilen. Papierkorbware sollte es nicht werden.

Ich schlüpfe derweil in das Wesen der Sache, mich selbst im Auge behaltend und unsere Beziehung nicht außer Acht lassend.
Dass ich dabei meine Adressaten vermenschliche und in meine Gedankenwelt zurückfalle, ist ein Schwachpunkt in meinem Tun.
Wer weiß schon, was Kehrbleche denken, was sie fühlen, wie sie zu der Person stehen, die sie nutzt?

Ich bin voller Erwartung, was sie mir antworten werden. Übrigens, die Antwortbriefe gingen nicht in der Reihenfolge ihres Ausgangs bei mir ein und leider haben nicht alle geantwortet.

Einige Briefe kamen von Sachen, die ich gar nicht angeschrieben hatte. Die Absender behaupteten, sie hätten beobachtet …, fühlten sich übergangen …
Muss ich jetzt antworten?

Ich wünsche mir, dass meine Leserinnen und Leser genau so viel Spaß beim Lesen haben wie ich beim Schreiben.

Neuss, im Oktober 2022

Eleonore Hillebrand

… von meinem Kehrblech

Liebe Hausfrau,

darf ich dich heutzutage überhaupt so anreden? Dieser Beruf, ein so ausfüllender, ist wegen seiner „Ehrenamtlichkeit“, sprich: des unbezahlten Arbeitens, ins Abseits gestellt worden …
Manche Haushaltgeräte aus früheren Zeiten haben sich als liebgewordene Handlanger in dieser motorisierten neuen Welt erhalten. Es freut mich, dass ich bei dir mit dem Handfeger als Partner dazugehöre.
Immerhin verbrauche ich weder Strom noch Gas, gehöre also zu den nachhaltigen Klimaschonern.
Dass du mit der Leistung meiner Lippe haderst, hat mich erstaunt.
Mechanische Werkzeuge sind nun mal keine Präzisionsgeräte. Sie näherten sich allerdings einem solchen, wenn du sie fachgerecht nutztest.

Weil ich ja nur durch den Mitgebrauch meines Partners Handfeger ganze Arbeit leisten kann, ist das Zusammenspiel durch Deinen koordinierten Schwung von uns beiden gegeneinander erforderlich.

Auch bei außerhäuslichen Reinigungen bin ich von Nutzen. Neulich lag ich bei der Reinigung deiner Garage und der Straßenrinne auf dem Bürgersteig.
Deine Freundin kam und wollte ihr Auto dort wenden. Sie überfuhr mich doch glatt.
Meinen Schrei hat sie gehört, stieg aus und stellte voll Schrecken fest, dass von meiner roten Emaille ein Stück abgeplatzt war.
Das war ziemlich schmerzhaft und mein schönes Aussehen ist jetzt ramponiert.
Diesen Makel muss ich nun mein Leben lang tragen.

Du wirst mich doch deswegen nicht in den Mülleimer werfen?
Ich versichere dir, voll funktionstüchtig zu bleiben.

Dein Kehrblech

… von meinem Handfeger

Meine liebe Hausfrau,

kann es sein, dass du mich vergessen hast?
Ich bin wichtig, wenn du meinen Partner, das Kehrblech, zum Beseitigen kleiner Malheure einfach ganz schnell aus der Ecke holst.
Ein bisschen beleidigt war ich schon, als ich deinen Brief an mein Kehrblech mitlesen musste.
Ja, es ist nicht nur dein, sondern auch mein Kehrblech.
Wir funktionieren zielführend gegeneinander geführt, wie du zurecht formuliertest, nur zu zweit.
Das musste gesagt werden.
Ich hoffe du denkst, wenn du uns benutzt, in Zukunft auch anerkennend an mich.

Dein Handfeger

… aus der Stille

Meine Rastlose,

lass dich umarmen, denn ich spüre, dass du mich mit den Jahren immer mehr schätzt. Das freut mich.
So wie du aus dem Schlaf deine Kraft schöpfst, so nimmst du sie auch aus mir, der Stille.
Ich bewundere deine Tatkraft. Du bewältigst die Alltagsarbeit in Haus und Garten, schaffst Ordnung und Struktur in deinem Leben, das alles mit deinen geistigen und seelischen Fähigkeiten.
Du unterscheidest klar, was geht und was du nicht mehr leisten kannst.
Dein Umgang mit Menschen, die dir nahestehen und mit denen, auf die du gelegentlich triffst, ist respektvoll zugewandt, selten oberflächlich.
Deine Netzwerke sind durch deine schriftstellerische Arbeit beträchtlich angewachsen.
Spürst du, dass ich dir manchmal meine Hand auf die Schulter lege, um deiner Umtriebigkeit Einhalt zu gebieten?
Das soll dich nicht beunruhigen, im Gegenteil, es gehört zu meiner Natur dich zu beschützen. Ich möchte dir Ruhe schenken, damit du dein immer noch aufregendes Leben genießen kannst, alles mit Freude erlebst und nichts an eine übermäßige Hektik verschwendest.
Deshalb mein Wunsch an dich:
Besuche mich gern häufiger. Ich würde mich riesig freuen.

Deine Stille

… von meiner Schwarzbrotschnitte (Frühstück)

Liebe Körnerbrotliebhaberin,

es hat mich sehr gefreut, dich scheinbar auf dem Weg zur gesunden Ernährung zu sehen.

Weiß ich doch von deiner heimlichen Liebe zu süßen Teilchen am Nachmittag und buttrigen Croissons mit Gelee am Sonntagmorgen. Lakritz-Schnecken mögen ja lecker schmecken, ihr Zuckergehalt tut dir aber gar nicht gut.

Muss ich mich da als Feigenblatt fühlen?

Unverständlicherweise belegst du mich jeden Morgen mit fragwürdigen Brotaufstrichen, wie dem Eier- oder Thunfischsalat in gesüßter, fettiger Soße. Vor allem der Zuckergehalt der Fertiggerichte ist der Gesundheit nicht zuträglich. Es gefällt mir überhaupt nicht, dass du schon zum Frühstück danach greifst. Ich toleriere Tomaten- und Gurkenscheiben mit etwas magerem Frischkäse. Natürlich ungesalzen. Magerquark ist auch ein guter Brotaufstrich. Da genehmige ich dir auch etwas Pfeffer und Salz oder besser noch, frischen Schnittlauch aus deinem Garten. Eine kleine Schale mit Haferflockenmüsli lasse ich mir als Zugabe auch gefallen.

Erd- und Himbeeren, die du zur Saison bevorzugst, enthalten Fruchtzucker, der einer gesunden Ernährung nur hin und wieder beigegeben werden sollte. – Das ist also in Ordnung.

Schluss mit dem Gemosere, hast du mir doch die allerschönste Lobeshymne gesungen.

Nur eins noch, es würde mich freuen, wenn du auch am Abend zu mir greifen würdest, statt zum labberigen Toastbrot mit fettigem Scheibenkäse.

Im Toast findest du nur hier und da ein Korn, dazu etwas Malzbrühe zum Färben. Und das soll Vollkorntoast sein? –

Lass dich nicht täuschen.

Im Übrigen bleibe ich gern

Deine Schwarzbrotschnitte

… von meinem Wasserglas

Liebe Trinkerin,

wie genau du dich mit mir befasst hast. In der Regel werde ich ausschließlich benutzt und das vielfach, wie du es schilderst.

So viel Aufmerksamkeit und Gefühl rührt mich.

Ich stehe mit unterschiedlichen oder gleichartigen Geschwistern in einem Schrank oder einer gläsernen Vitrine und warte auf Gebrauch.

Gern lasse ich mich benutzen, weil ich deiner und vieler Menschen Gesundheit im Blick habe. Einige Gläser Wasser am Tag sollten es schon sein, um den Flüssigkeitshaushalt eines menschlichen Körpers im Gleichgewicht zu halten.

Außerdem genieße ich hin und wieder das Zuprosten mit etwas „geistigem Wasser“ in fröhlicher Gesellschaft.

Im Schaumbad gereinigt zu werden, ist wie ein Kuraufenthalt für mich. Du machst das immer mit viel Umsicht, dass ich ja keinen Schaden nehme und danach glänzend dastehe.

Ja, ich bin zerbrechlich und mein Zerspringen bedeutet Unglück, sagen Manche.

Hat das wohl mit der Verletzungsgefahr zu tun, die ich dann für menschliche Haut bin?

Ob als Senfglas oder in kostbarem Kristall, du nutzt mich in gleicher Weise mit Respekt.

Dafür danke ich dir.

Mit dem Zerbrechen endet mein Sein. Meine Scherben entsorgst du vorsichtig im Abfall des Lebens. –

Bin ich dir zu philosophisch? - Ich habe etwas von dir gelernt.

Dass ich mich auch als Metapher für Deine literarischen Gedanken eigne, hebt mein und meiner Geschwister Ansehen um einiges.

Immer wieder gern

Dein Wasserglas

… aus meiner Wellnessoase

Liebe tagesgeplagte Ruhesucherin,

deine Wahrnehmungsfähigkeit und deine Dankbarkeit beschämen mich. Bin ich, dein Bett, doch von sehr einfacher Beschaffenheit.
Es ist wohl meine besondere Tragfähigkeit, die dich zu solchen Lobeshymnen hingerissen hat.
Ja, ich trage in den Nächten oder bei einem kurzen Ausruhen nicht nur deinen Körper, ich trage auch deine Gedanken und Träume, deine Sorgen und deine körperlichen und seelischen Schmerzen, und ich tue es mit Hingabe.

Oft bedaure ich dich, dass du, wie all ihr Menschen, im aufrechten Gang mal leichtere aber auch körperlich schwere Arbeit leistest. Deine Pausen verbringst du im ungesunden Sitzen, was vor allem mit den Jahren, deine nicht mehr intakte Wirbelsäule noch weiter zusammenstaucht.
Ich werde mir weiter große Mühe geben, die Erholungsphasen deines Körpers und deiner Seele nach besten Kräften zu unterstützen.
Eins macht mir dabei Sorge. Dein Schlaf ist nicht mehr durchgängig der von etwa acht Stunden ohne Unterbrechung.
Als Linksschläferin kenne ich dich und offenbar rebelliert gelegentlich dein Herz und die Brustrippen fühlen sich zusammengequetscht.
Bist du dann endlich entschlummert, lassen unerwünschte Signale deines Körpers dich aufwachen und ihren Wünschen nachgehen, ob es nun der Toilettengang oder eine besondere Atemübung ist. Ich kenne mich da nicht aus. Es ist wohl in deiner Situation nicht ungewöhnlich.

Sei versichert, ich werde alles tun, diese Unannehmlichkeiten durch besondere Kuschelichkeit und je nach Jahreszeit wärmend oder kühlend zu kompensieren. Sei mir immer willkommen!

Deine Wellnessoase

… von meiner Bettkante

Liebe Briefschreiberin,

dass du mich besonders anschreibst, macht mich glücklich.
Du lässt mich durch deinen Brief einen Status einnehmen, der den Menschen in der Regel entgeht.
Dass ich dabei sowohl Anfang und Ende, Eingang und Ausgang des Tages bin, ist mir durch dich klar geworden. Überhaupt textlich erwähnt zu werden, gehört für mich zum absolut Unerwarteten.
Du aber verbindest mit mir Gedanken und Tätigkeiten, die dir wichtig sind bei Beginn und am Ende eines Tages und formulierst es mir zu.
Ich werde dich jeden Abend und jeden Morgen mit herzlicher Zuneigung erwarten.

Deine Bettkante

… von meinem Morgenfenster

Liebe Schauende,

es freut mich dich jeden Morgen begrüßen zu dürfen, wenn du kommst um Ausschau zu halten. Du beschreibst mir in Bildern, wie sehr du mich schätzt, wie sehr ich dir nützlich bin. Es sind Bilder, die deinem Herzen entwachsen, einem Herzen voller Sehnsucht, wie mir scheint. Ich bin doch nur ein unscheinbares durchsichtiges Glas. Mir ist gar nicht bewusst, was meine Durchsichtigkeit in dir zum Klingen bringt. Nicht wahr, es sind besondere Klänge, die in dir schwingen wie bei einer Stimmgabel. Solche Klänge bringen mich zum Zittern. Ich zittere mit dir vor allem, wenn du in den Süden schaust.
Liegt dort dein Sehnsuchtsort?
Manchmal entdecke ich Tränen auf deinen Wangen.
Das berührt mich zutiefst.
Ich möchte dir das Schauen verschönen.
Du solltest nicht traurig sein.

In der Regel darf ich das Anschauen der sich ständig verändernden Natur bescheren. Du bist eine Meisterin in der Wahrnehmung dieser Wandlungen.
Ich freue mich, wenn du von der Schönheit der Blumen und der Bäume, eines Regenbogens oder des Mondes bei dunkler Nacht geradezu schwärmst. Dann weiß ich, dass es dir gut geht.
Nichts mehr wünsche ich mir als dir Durchblick auf die Schönheit aber auch auf die Realität zu geben. Dazu gehört die braune Statue auf der Wiese, die immer wieder dein Gefallen findet. Sie gefällt auch mir. Allerdings leidet sie im Laufe der Jahre unter den wechselnden Wettersituationen und scheint nicht bei bester Gesundheit zu sein?

Hin und wieder greifst du zum Fotoapparat um ein Bild festzuhalten, das dich im Augenblick besonders anspricht. Du fotografierst durch mich hindurch. Dann gebe ich mir Mühe dir die Durchsicht besonders leicht zu machen.
Aber du weißt, mit meiner Durchsicht steht es nicht zum Besten. Ja, auch Fenster altern, insbesondere dann, wenn es Doppelfenster sind.
Luft und Staub kriechen durch kleinste Undichtigkeiten im Rahmen und machen mich nach und nach blinder.
Das tut mir leid und ich weiß nicht, wie lange ich dir noch Durchblick verschaffen kann.
Dennoch in Erwartung

Dein Morgenfenster

… von meiner Haustür

Liebe Bewohnerin,

deine Wertschätzung freut mich.
Dass mir das jemand sogar schreibt, ist mir noch nicht passiert.
Beschreibungen aller Art erfahre ich wegen der vielen Modelle, die meine Art aufweist. Die Werbung quillt über von solchen meinesgleichen. - Täglich.
Wie sehr du ins Detail gehst.
Wie gut du mich beobachtet hast.
Das machen in der Regel nur die Handwerker der unterschiedlichen Gewerke, die mich zusammensetzen.
Ja, ich verkörpere in meiner Funktion die Dualität in nuce.

Wir beide bestimmen, wen wir hereinlassen. Im Herauslassen sind wir großzügiger, denn wir wollen niemanden einsperren.
Du bist dir bewusst, dass auch das zu meinen Aufgaben gehören kann?
Du zeigst dich sehr gewissenhaft in der Benutzung meiner Funktionen am Tag, wenn du das Haus verlässt und in der Nacht, wenn du besonderen Schutz brauchst, weil der Schlaf deine Aufmerksamkeit einschränkt.
Aufmerksamkeit bedarf der Konzentration, nicht der Ablenkung. Voller Schrecken stellst du hin und wieder fest, dass du den Schlüssel nicht von innen nach außen gesteckt hast, bevor du mich hinter dir ins Schloss fallen lässt.
Ich weiß, du hast vorgesorgt. An einem geheimen Ort, den keiner so schnell herausfindet, hast du einen Ersatzschlüssel hinterlegt.

Denn darin bin ich unerbittlich, das Schloss schnappt zu, manchmal durch einen Windstoß. Aber das kennst du inzwischen und siehst dich vor, du stellst einen Fuß zwischen Tür und Rahmen oder ziehst den Schirmständer als Hilfssperre heran.
Ich werde weiter Sorge tragen deine Sicherheit zu gewährleisten

Deine Haustür

… von meinen Kalendern

Liebe Umtriebige,

immer noch unterwegs? Unentwegt mit Terminen ringend? Du dürftest es ein wenig langsamer angehen lassen.
In deinem Bücherregal stehen wir in vielen Jahrgängen von dir wohlverwahrt und voller Ereignisse, die du in Zeitpunkt und Ablauf gewissenhaft aufgezeichnet hast. Das ehrt uns ungemein.
Neben deinem Tagebuch, bei dessen Eintragungen wir dir hilfreich zur Seite stehen, gibst du uns allen seit Jahren eine Überlebenschance auf Zeit. Sie spielt zwischen uns die Hauptrolle. Sie gibt den Takt des Tagesablaufs vor, wird bemessen, ist einzuhalten, aufzuzeichnen, läuft ab.
Dabei sind wir im Spiel als deine unentbehrlichen Helfer.

Griffbereit liege ich, dein Buchkalender, mit Stiften auf einem zentral stehenden Tisch deiner Wohnung.
In letzter Zeit schreibst du nur noch die Uhrzeiten deiner Verabredungen, der Veranstaltungen, die du besuchen willst, die Geburtstage, an die du denken musst, bei mir ein.
Die kleineren unserer Art fristen ein ungebrauchtes Dasein irgendwo im Haus verstreut, in wenig gebrauchten Handtaschen abgelegt.
Du bevorzugst zu unserem Unwillen dein digitales Tagebuch.
Wir meinen, dass es nur in Teilen aufschlagbar ist, dein Monitor ist beschränkt in seiner Freigabe von Texten. Von Daten allemal, da hilft dir auch dein Handy nur punktuell.
In mir aber kannst du blättern, vorwärts und rückwärts und sogleich zeige ich dir mit Datum und Zeit, was du

wissen, was du nachschlagen willst.
Überlege dir also genau, wem du deinen Termineintrag anvertraust. Du bist mit uns in die Jahre gekommen. Da trennt es sich nicht so leicht von Gewohntem und Liebgewordenem.
Deine Schrift hat immer noch lebhaften Schwung, den wir gern aufnehmen, ob mit Bleistift oder Kugelschreiber.

Wir liegen offen bereit

Deine Kalender

… von meinem Auto

Guten Morgen auch,

ich komme gerade aus der Werkstatt. Da fand ich deinen Brief auf meiner Motorhaube.
Dein Dank freut mich, aber du bist es doch, die dafür sorgt, dass ich für dich funktioniere.
Ohne eine Mahlzeit aus dem Benzinhahn der Tankstelle, der Überprüfung des Ölstandes und des Reifendrucks, wäre ich ja gar nicht fahrtüchtig. Die Inspektion, die vorgeschrieben ist, veranlasst du und sorgst so für mein inneres Wohlgefühl.
Natürlich bin ich stolz, dass die Autohersteller mir so ein hübsches Gesicht gegeben haben. Dafür musst du der Kreativität der Modellentwerfer danken. Dass ich außerdem modisch en vogue sein möchte, weißt du. Das von dir gewünschte Silbergrau metallic ist genau die Farbe, die auch ich sehr schätze. Man sieht nicht jeden Schmutzspritzer auf Anhieb wie bei den dunkelfarbigen Typen.

Ich hätte mir für dich und andere Fahrerinnen auch noch ein helles Instrumentenbrett gewünscht, denn ich sah dich einmal die Hände voll Schreck vom Lenkrad nehmen, als du nach einem Einkauf wieder bei mir einstiegst. Ich hatte in der prallen Sonne gestanden und mich innen mächtig aufgeheizt. – Tut mir leid! –
Mit einem hellen Handtuch solltest du das Brett und das Lenkrad hinter der Windschutzscheibe zu solchen Gelegenheiten abdecken. Der Handel hält zwar ein silbern beschichtetes Schaumstoffgebilde dafür bereit, alles Geschmacksache und eine Frage des Geldbeutels. Die Aluminiumseite heizt sich ebenso auf.
Dass du auf mein Innenleben unter der Motorhaube vertraust, finde ich mutig. Ich bemühe mich redlich, die Monteure bei der Inspektion auf meine kleinen

Unzulänglichkeiten aufmerksam zu machen. Du hast eine gute Werkstatt gewählt. Bisher haben alle Reparaturen anstandslos mein Innenleben instandgehalten.
Ich bin aber auch ein Qualitätsprodukt, musst du wissen.
Deutsche Wertarbeit nennt ihr das ja gern.
Ist aber nicht mehr das, was sie mal war!
Der Arbeitsdruck ist enorm gewachsen.
Dein Wunsch, dass wir noch lange Freunde bleiben mögen und Gesundheit uns begleite, sei mir Befehl!

Dein fahrwilliger Golfgang

… von meiner kränkelnden Waschmaschine

Liebe Kleiderpflegerin,

es tut mir leid, dass ich dich so in Aufregung versetzt habe. Immerhin wusstest du aus früheren Zeiten, wie Handwäsche funktioniert. - Gratuliere!
Dir ist bekannt, dass ich ein vorprogrammiertes Innenleben habe.
Hast Du daran nicht gedacht, als du mich trotz meines disziplinlosen Verhaltens vom Vortag aufgefüllt hast, als wäre nichts geschehen?
Glücklicherweise, hast du dann vernunftmäßig gehandelt und mir augenblicklich die Stromzufuhr genommen, als ich wieder tobend auf Wanderschaft gegangen war. Es war brandgefährlich für mich und meine Funktionsfähigkeit.
Ich hatte einige Zeit entsetzliche Klopfschmerzen von dem Trudeln und den Stößen meiner Trommel.
Du holtest Hilfe durch einen Mechaniker, der sofort die Diagnose stellte, Federbruch durch Altersschwäche.
Er machte dir und mir Mut.
Er hatte Ersatzteile mitgebracht und machte sich ans Werk. Ich schaute ihm zu und sah sofort, der versteht etwas von seinem Handwerk.
Ich wollte dir so gern weiter deine Wäsche waschen.
Wenn du mich entsorgt hättest, wäre ich sehr traurig gewesen, denn alles andere in mir ist von vertrauenswürdiger Qualität.
Du warst nicht kleinlich bei der Geldausgabe für mich gewesen.
Nun schwenke ich schon einige Zeit wieder deine Wäsche, drehe umsichtig meine Runden im Schleudergang und sehe, dass du mit mir zufrieden bist, wenn du die Frisch-duftende meiner Trommel entnimmst.

Übrigens, ich muss ganz schön ran, seitdem deine Freundin bei dir wohnt und ihre Wäsche – und das ist nicht gerade wenig – bei mir wäscht.
Ich halte mich bereit

Deine Waschmaschine

… *vom Unerwarteten*

Na, Du Skeptikerin,

da bin ich! – Keine Sorge. Ich komme als Freund.
Es war höchst informativ, wie du mich einordnetest.
Sprach da nicht nur Skepsis, sondern sogar die Angst vor mir aus deinen Zeilen?
Ja, mir geht das „un“ voran. Ich bin selbst nicht glücklich damit.
Die deutsche Sprache hat es nun einmal so eingerichtet und einigen positiven Begriffen und Taten einfach dieses un-schöne „un“ vorangesetzt.
Dieses Ding, das man Präfix nennt, ist in den unterschiedlichsten Formen in der deutschen Sprache gebräuchlich.
Dieses „un“, vorwiegend negativ belegt, gab es schon im Altgermanischen.
Leider bin ich kein Wortschöpfer. Ich könnte einmal über eine eigene Form nachdenken und damit meinem Namen Ehre machen.
Fändest du „Nicht schön“ besser?
Wäre ich das „Nicht-Erwartete“, so käme ich niemals zum Zuge, denn nicht erwartet zu sein, bedeutet nach meinem Verständnis, dass ich erst gar nicht auftreten kann.
Dann gäbe es keine Überraschungen mehr. Und auf die möchtest du sicher nicht verzichten wollen? – Oder?
Nennt ihr sie doch so etwas wie das Salz in der Suppe des Lebens.
Was wäre das ohne Überraschungen?
Hin und wieder ein Erschrecken, besser ein spontanes Glücksgefühl?
Ich kann es dir verschaffen.
Lass dich also gern einmal von mir überraschen.
Übrigens, manchmal haben schlechte Nachrichten

oder Ereignisse einen guten Kern. –
Achte mal darauf.

Ich grüße Dich – im Wartestand

… von meinem Gartentörchen

Liebe Hausbewohnerin,

du schreibst, dass du mich als Bodyguard empfindest.
Da fühle ich mich doch richtig geschmeichelt.
Der Schlosser, der mich geschmiedet hat, hat aus mir ein ansehnliches, fast künstlerisches Objekt geschaffen.
Ich fühle mich stabil gebaut und unübersehbar in meinem zinkgrauen Metallkleid
Manche Passanten bleiben mit bewundernden Blicken bei mir stehen.
Erstaunt aber auch stolz bin ich, wenn ich als Schranke zum Öffnen und Weitergehen empfunden werde.
Manche Zeitgenossen haben aber schnell heraus, dass sie über mich hinweg zum Drehknopf greifen können, um mich zu öffnen. Das Schloss übersehen sie dabei geflissentlich, denn darüber verfüge ich auch.
Übrigens, hast du den Schlüssel noch?

Dass meine Angeln im Lauf der Zeit etwas erlahmt sind und ich etwas schief hänge, ist natürlichem Verschleiß zuzuschreiben. Das langsame Vergehen, man nennt es ja Altern, wie du weißt und selber spürst, ist nicht nur Lebewesen eigen, auch wir Sachen altern.
Unsere Überreste sind in Jahrhunderten oder Jahrtausenden nach uns möglicherweise Archäologen einmal Hinweis auf die Kultur unserer Jahre.
Immerhin hält meine jetzige Statur freundliche, zaghafte, rücksichtsvolle Besucher und Besucherinnen davon ab, mich einfach aufzustoßen.

Zur Familie gehörig fühle ich mich, wenn du dich beim Plausch mit den Nachbarn mit den Unterarmen auf mich stützt. Das hat so etwas Gemütliches.
Nicht begeistert bin ich, wenn Kaninchen durch mich hindurch schlüpfen und deine Pflanzen abknabbern.

Da könntest du mit Draht Abhilfe schaffen.
Nur, verschönern würdest du mich damit nicht. – Lass es also bitte.

In Treue

Dein Bodyguard

… *von meiner Blutbuche*

Meine Baumliebhaberin,

Altersgefährtin nennst du mich. Ja, wir kennen uns seit Jahrzehnten, und ich bin dir um einiges über den Kopf gewachsen. Weil ich im Körperumfang erheblich zugelegt habe, kannst du meinen Stamm inzwischen nicht mehr umfassen.

In deinem Garten fühle ich mich immer sehr wohl, auch wenn dein Mann Rudolf und du mir nach wenigen Jahren durch euren Einschlag ziemlich zugesetzt habt.

Mein Zwilling musste weichen.

Meine Tränen habt ihr nicht beachtet. Aber ich weiß, für zwei hätte der Platz nicht gereicht.

Heute bin ich so ausladend, dass meine Wurzeln bis an dein Haus reichen. Als Flachwurzlerin kann ich damit für dich gefährlich werden.

Ich will dir keine Angst machen. Noch gibt es genug Platz für meine Wurzeln, deinem Haus auszuweichen.

Deine Kronenbehandlung zum Schutz des benachbarten Kindergartens habe ich gern über mich ergehen lassen. Ansonsten brauche ich einfach Platz, der leider langsam ausgefüllt ist. Ich weiß, dass ich dir damit Sorgen bereite. Andere Gehölze kann ich leider nicht zulassen. Besonders mein kleiner Konkurrent, der Amberbaum, giftet mich immer wieder an. Darauf kann ich mich nicht einlassen. Er muss weg, wenn ich den Platz brauche.

Danken möchte ich dir dafür, dass du mich in deinen schriftstellerischen Arbeiten immer wieder berücksichtigst. Auch darf ich dir als Metapher behilflich sein.

Insbesondere aber möchte ich nur zu gern deine Freundin und Beschützerin bleiben, dir zuwinken, wenn du in meine Krone schaust und meine Blattmetamorphosen wahrnimmst.

Da bist du in deiner Achtsamkeit Vorbild für mich.

Deine Blutbuche

… *von meiner Krokuswiese*

Liebe Gartenfreundin,

weißt du, mir ist gar nicht bewusst, dass ich nach den scheinbar so leblosen Wintertagen so sehr erwartet werde mit meinen kleinen Freundinnen und deren bescheidener Zartheit an Farbe und Größe. In mir beginnt das Leben im frühen Jahr unter der Erde, wenn noch Schnee und Kälte die Außenwelt beherrschen.

Es freut und ehrt mich, dass du mein beblühtes Erscheinen so sehnlich erwartest und ich dir neues Leben signalisiere, nach dem wir alle, auch Zwiebeln und Wurzeln, Pflanzen und Bäume, uns immer wieder sehnen. Wir bereiten uns gut darauf vor.

Auf deinen mir eng benachbarten Beeten fühlen sich meine Krokuszwiebeln besonders wohl. Ich verabscheue ihretwegen nämlich die bei Gärtnern so beliebte Hacke. Sie versetzt meine kleinen Zwiebeln, die sich in jedem Frühjahr neu bilden, in wahre Existenzängste. Manche Zwiebel verliert ihr Leben im Zustechen, viele vertrocknen ohne die lebensnotwendige Bodenhaftung an der Luft oder werden gar zum Kompostieren eingesammelt. Du stehst mir mit deiner rücksichtsvollen Behandlung zur Seite.

Sehr clever ist deine Anweisung an den Gärtner, mich erst im späteren Frühjahr mähen zu lassen, denn durch ihre Blätter, die tatsächlich den Grashalmen sehr ähneln, nehmen die Krokusse Luft und Feuchtigkeit zur Entwicklung neuer Zwiebeln. Du hast dich schlau gemacht und lässt sie sich in Ruhe entwickeln.

Hab Dank dafür!

Deine Krokuswiese

… von meinem Pillendöschen

Gähn! Gähn!

Jetzt hast du mich seit langem in der Schublade neben den silbernen Vorlagelöffeln und einem Serviettenkettchen abgelegt. Erinnerungsstücke an Deinen Vater, wie ich weiß.

Mein Bauch bleibt seit langem leer. Geht es dir gesundheitlich so gut, dass ich entbehrlich bin? – Wir sind uns richtig fremd geworden. Im Alltag nutzt du mich nicht. Da bin ich dir zu schade zum Gebrauch, wie du meinst? – Tagesdosenspender in Plastik haben auch dich erobert.

Deine letzte Reise, bei der ich dich begleiten durfte, ist schon eine Weile her.

Du warst immer so neugierig auf neue Landschaften und Menschen, auf deren Art zu leben, zu essen und zu feiern und auf die Architektur in Kirchen und Profanbauten des Landes.

Interessiert dich das nicht mehr? – Bist du reisesatt?
- Das kann nicht sein.

Der Kunsthistoriker, den du als Reiseleiter und Mensch so sehr schätztest, ist vor einiger Zeit gestorben.

Das tut mir leid. Ich verstehe deine Trauer.

Dennoch, ich weiß von so vielen Zielen, die auf dein Kommen warten.

Ich weiß zudem, dass dich die Sehnsucht nach Neuem nicht verlassen hat, und dass Frankreich und

Griechenland dich immer noch reizen.

Gib dir einen Stoß, damit ich wieder in deinen Reisevorbereitungen eine Rolle spielen darf.

Mir ist langweilig hier in der Schublade.

Mit einem Silberputztuch dürftest du mir auch einmal wieder zu Leibe rücken. Ich bin klein, lechze deshalb besonders nach Silberglanz.

Dabei liege ich gern in deiner Hand!

Dein silbernes Pillendöschen

… *von meinem Tagebuch*

Liebe Tagebuchschreiberin,

mich hat dein Misstrauen mir gegenüber sehr bestürzt.
Du fürchtest dich also vor Entblößung.
Das kenne ich.
Bin ich doch Dein Intimstes, etwas wie dein zweites Ich.
Du brauchst mich als Gesprächspartner für deine Gedanken, Erlebnisse, Gefühle.
Das alles ist nicht einfach loszulassen. Du möchtest aber mit jemandem darüber reden.
Dafür bin ich da.
Solange ich nicht in fremde Hände gerate, bist du bei mir sicher.
Du meinst, dass sei gerade das Hauptproblem?
Da kann ich dir nicht widersprechen.
Dein Gedicht mag ich. – Liebe und Leiden signalisiert es mir.
Du musst mir keine Briefe mehr schreiben, aber schreibe dich in mich hinein, damit ich dich begleiten kann als meine geschätzte Partnerin.
Ich halte mich bereit, dir nach Jahren mit meinem Dasein vielleicht eine Freude beim Zurückblättern zu sein.

In tiefer Verbundenheit

Dein Tagebuch

… von meinen ausgefallenen Haaren

Liebe Haarwäscherin,

es fällt uns schwer, dir auf deinen netten Brief zu antworten, sind wir doch schon lange unterwegs zu neuen Ufern, wie ihr Menschen den Fortgang aus dem Leben nennt.

Beim Waschen und Trockenrubbeln, beim Kämmen und Bürsten verlierst du einzelne von uns.

Das ist das Gesetz der Natur, du erwähntest diesen Vorgang in deinem Brief an uns.

Unzählige von uns haben sich in deinen Lockenwicklern verfangen. Mit Kamm und Fingern zupfst du uns da heraus, drehst uns um deinen Finger zu einer Locke und entsorgst uns im Kosmetikmülleimer. Dabei wunderst du dich, dass dein Haar noch nicht vollends ergraut ist. Du nennst es ja gern straßenköterblond. Es ist tatsächlich so.

Andere Frauen in deinem Alter lassen färben, was nicht in unserem Sinne ist. Wir leiden unter den chemischen Ummantelungen oder gar Durchfärbungen.

Manchmal wehren wir uns auch. Wir fallen aus, brechen ab oder tönen gar die Farben um.

Aber wieder zu dir.

Ob du uns nun beim Duschen oder über der Badewanne wäschst, Dein Auffangsieb sammelt gewissenhaft die Haare auf, die ihr Leben auf deinem Kopf abgeschlossen haben.

Unwirsch wirst du, wenn du einzelne von uns im Waschbecken, auf dem Fußboden oder Teppich entdeckst, richtig wütend, wenn eines von uns gar im Essen gelandet ist.

Wir haben das nicht im Griff, wann wir deinen Kopf verlassen. Das kann schon sein, dass es zu von dir ungewollten Abgängen kommt.

Es ist wie gesagt Gesetz der Natur.

Nimm es uns bitte nicht übel

Deine ausgefallenen Haare

… von meiner Leselampe

Liebe Buchfreundin,

die Einen verehren uns und können nicht genug von uns einsammeln für die Ausstattung ihrer Wohnungen, andere übersehen uns allein, wenn sie auf den Preis schauen.
Ich danke dir, dass du dich bei deinem Einkauf für mich entschieden hast, und wie ich sehe, habe ich dich in meiner Funktion als Leuchte bisher nicht enttäuscht.
Weißt du, dass ich dich bei deinen nächtlichen Leseexzessen etwas mitleidig beobachte?
Du solltest schlafen!
Ich würde gern mit meinem Dienst dahinter zurücktreten.
Manchmal vergisst du mich auszuknipsen, wenn dich die Müdigkeit beim Lesen endlich überfällt.
Dann bemühe ich mich, besonders sanft zu scheinen.
Für nächtliche Toilettengänge bin ich inzwischen auch von Nutzen. Das freut mich.
Im Freundinnenstatus habe ich mich noch nie gesehen.

Glücklich

Dein Designerstück

… *aus meiner Beuys-Ecke*

Liebe Kunstbeflissene,

deine Installation macht ja einiges her, dass du ihr den Namen des berühmten niederrheinischen Künstlers gabst, finde ich ganz schön mutig, wobei ich bekennen muss, dass es mich im höchsten Maße freut, der Grundstock dafür geworden zu sein.

Besonders glücklich bin ich, dass ich zum Träger deiner Erinnerungsgeschichten wurde. In Würzburg beheimatet, auf dem Fahrrad ins Rheinland gebracht, habe ich als ehemaliger Weinstock ja schon einiges erlebt.

Viele Jahre trug mein Stock reife Trauben zu einem köstlichen Boxbeutelwein. Als das Feld, auf dem ich dem Winzer diente, aufgelassen wurde, habe ich bittere Tränen vergossen. Nur, niemand hat sie wahrgenommen. Ich wurde erbarmungslos ausgegraben.

Dass ich einmal in die Gebrauchskunst einsteigen würde, habe ich mir nicht träumen lassen, lag ich doch schon zum Abtransport auf den Verbrennungsplatz bereit.

Ja, die Zusammenfügung der Zeugen deiner Erinnerungen haben mich zum Kunstwerk im Sinne von Josef Beuys gemacht.

Ich werde mich bemühen, dich noch lange zu erfreuen und deine Gäste erstaunt sein zu lassen.

Deine Beuys-Ecke

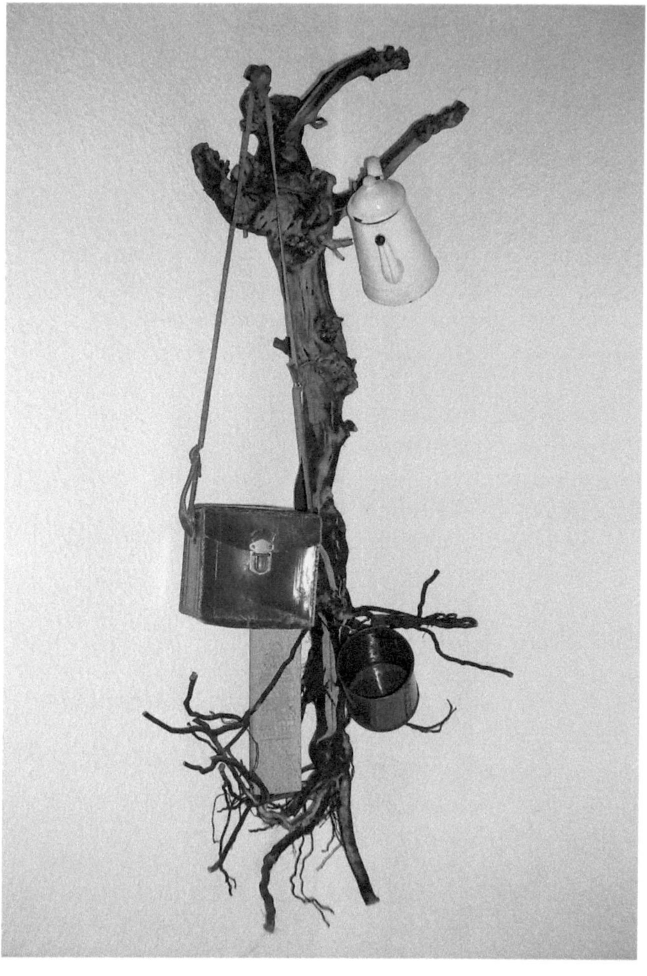

… von meiner Morgenzeitung

Liebe Abonnentin,

weißt du eigentlich, wie lange wir uns schon kennen? Du bist in deinem Brief an mich nicht darauf eingegangen.

Seit Jahrzehnten, als du und dein Mann Hochzeit feiertet, war er Abonnent bei mir und damit auch du.

Damals warst du als Frau ein Anhängsel an deinen Mann, den sogenannten Haushaltungsvorstand. Deine rechtlichen Befugnisse waren beschränkt, was sich Gottseidank nach und nach geändert hat.

Gelesen hast du mich damals wie heute mit dem Wissensdurst und der Neugier, die dich heute noch auszeichnet.

Als dein Mann vor einigen Jahren verstarb, bist du als Abonnentin eingestiegen.

Dafür bin ich dir dankbar.

Zu meinem Erscheinungsbild im Laufe der Jahrzehnte freue ich mich über deine detaillierte Schilderung. Deine Befürchtung, ich würde die mediale Neuzeit nicht überleben, hat sich glücklicherweise bisher nicht bewahrheitet.

Ich habe mich, wie du richtig wahrgenommen hast, mit meinen Redaktionen und Druckereien richtig ins Zeug gelegt, attraktiv zu bleiben.

Viele Menschen lieben es außerdem wie du, mich blätternd in der Hand zu haben und dem Rauschen der

Seiten nachzuhorchen.

Dich sehe ich neuerdings täglich das Kreuzworträtsel lösen.

Wie wäre das auf dem Tablet? Äh! Möglich, aber steril!

Hin und wieder steht ein Artikel über dich und ein neu erschienenes Buch von dir auf der Kulturseite der NGZ, einer Tochter der Rheinischen Post, wie du weißt. – Gratulation!

Klimaschonend bin ich, glaube ich, auch? Da bin ich mir zwar nicht so sicher, wenn man alle Komponenten der Herstellung zusammenzählt. Jedenfalls ist das Papier recyclefähig und erscheint in Teilen vielleicht in einer späteren Zeitung wieder bei dir.

Ich hoffe, wir bleiben einander durch Wort und Bild verbunden

Deine Tageszeitung

… von meiner Schublade mit den Kann-man-ja-noch-mal-gebrauchen-Sachen

Liebe Sammlerin,

ich habe schallend gelacht als ich mir all das vorstellte – ich kenne ja mein Innenleben – was du da so zusammengetragen hast, diesmal an Gedanken und Erlebnissen.

Ich bin inzwischen meiner Ordnung, der Unordnung nämlich, treu geblieben. Du hast so oft in mir herumgestöbert, dass wieder alles wüst durcheinanderliegt.

Manchmal findest du sogar etwas, was du bei mir gar nicht gesucht hast und freust dich tatsächlich, es gefunden zu haben. Ist schon ein wenig seltsam.

Ich allerdings fühle dann mein Dasein und Sosein bestätigt. Ich gehöre einfach zur Wohnungsausstattung wie Tisch, Stühle und Bett.

Aber bitte, sortiere mal einiges aus, was du wirklich nicht mehr gebrauchen kannst. Ich mache dir einen Vorschlag:

Eins rein, aber auch eins raus!
Können wir uns darauf verständigen?

Ich leide momentan mal wieder an Überfülle und bald kannst du mich weder öffnen noch schließen. – Platz zur Ordnung ist jedenfalls nicht mehr da.

Ich brauche etwas mehr Luft zum Atmen!

Deine Hm-Du-weißt-schon-Schublade

… von meinen Gedanken

Sei gegrüßt,

von unserer Vielfalt,
von unseren Flüchtigkeiten,
von unserer Unverschämtheit,
von unserem Glücklichsein,

vor allem dann, wenn uns Musik begleitet oder der Vortrag eines Gedichtes, was du so liebst. Ist schon merkwürdig, dass ich dir schreibe mit deinen Gedanken, die auch die Meinen sind.

Wir formulieren dir deine Texte mit, freuen uns übrigens, dass du dich so spät noch darangegeben hast, einige von uns in Worte zu fassen und niederzuschreiben, dass sogar Bücher daraus entstanden sind. - Chapeau!

Beklage dich nicht über unsere Wuschigkeit. Das gehört zu unserem Charakter.

Wenn wir nicht ständig in deinem Kopf neue Bilder entstehen lassen würden, würdest du dich langweilen. Wir kennen dich doch. In deinen Träumen sorgen wir sogar für deine seelische Hygiene.

Besonders freuen wir uns, wenn wir dir Ideen vermitteln können, aus denen du schöpfst und nachsinnst, wie du sie umsetzen kannst.

Es kommt bei vielen sogar etwas Beachtliches zustande. Dann sind wir ehrlich etwas stolz auf dich, obwohl das nicht zu unseren kreativen Grundmustern gehört.

Apropos Grundmuster:

Wir sind immer wieder erstaunt, dass sich das Deine durch Neugier und Offenheit erweitert. Entwicklung nennt ihr das wohl. Bei dir scheint sie nicht zum Stillstand zu kommen. Weiter so.

Es gibt noch viel durchzudenken, auszudenken und zu Papier zu bringen. – Äh! In die Computertastatur zu hämmern.

Manchmal bewundern wir dich dafür, wie du unsere bösartigen, niederträchtigen, traurigen, niederdrückenden Formen bewältigst. Du gibst ihnen wenig Raum, suchst bald einen Ausweg, natürlich mit uns.

Du liebst eine gewisse Form der Harmonie, lässt Bosheit nur in kleinen Dosen zu. Das macht dein Leben nicht nur erträglich, sondern liebenswert.

Hüte dich vor Verdrängung. Trage uns als Negative besser aus. Das gehört zur Seelenmassage.

Wir jedenfalls werden unermüdlich durch dein Hirn geistern, weil wir wissen, dass du es schätzt, ja liebst. Lass dich durch schlechte oder böse Gedanken, nicht verunsichern.

Wir alle werden auch bei dir sein, wenn deine Kräfte schwinden.

Verlass dich auf uns!

Wir bleiben deine festen Freunde und ständigen Begleiter

Deine Gedanken

… von meiner Brille

Liebe Augensterne,

wenn schon die Trägerin mir als ihrer Sehhilfskonstruktion schreibt, dann muss aber bitte ein hübsches Kompliment her!

Stimmt es, dass ich inzwischen nicht mehr allein bin?

Im Nahbereich jedenfalls.

Ich sehe dich häufig unterschiedliche Gestelle zum Schauen wechseln.

Ganz stolz bin ich, dass ich an einem Kettchen immer an deinem Hals, also immer direkt greifbar für dich, hängen darf. Kein Etui, in dem ich verschwinden muss, kein Suchen nach mir …

Dafür muss ich damit rechnen von einem Wassertropfen getroffen zu werden oder gar mir einen Fettfleck oder Brotkrumen einzuhandeln, Teilen des Mittagessens kann ich gelegentlich nicht ausweichen.

Ich will mich nicht beklagen, sorgst du doch dafür, dass umgehend wieder klare Sicht herrscht.

Du hast, wie du mich wissen ließest, durch eine Operation vor Jahren zwei wundervolle hochsensible Kunstlinsen in deine Augen eingesetzt bekommen. Damals musstest du dich noch entscheiden, NAH oder lieber FERN, wie du mir schriebst, weil du gern Auto fährst und das am liebsten ohne Brille.

Ist die Wissenschaft nicht inzwischen in der Lage für beide Sehweisen bifokale, multifokale Linsen anzubieten?

Ich kann allerdings verstehen, dass du nicht noch einmal die Prozedur über dich ergehen lassen willst: Zwei Operationen, Augenklappen, ständiges wochenlanges Tropfen.

Unangenehme Einschränkungen. Außerdem würden ich als Nahsichtbrille und meine Geschwister zur Arbeit am Computer ja arbeitslos.

Lass uns lieber mal hin und wieder eine Aufhübschung zuteilwerden in Form einer Grundüberholung, wenn deine Dioptrien gleichbleibend ist. Ansonsten ist eh ein neues Gestell notwendig und ich muss abtreten.

Wäre schade, denn ich fühle mich noch recht modisch.

Deine Nahbrille

… von meiner Kaffeekanne

Liebe Genießerin,

soviel poetischen Enthusiasmus hast du auf mich verwendet., das beschämt mich geradezu.

Ich weiß, dass du eine starke Kaffeetrinkerin bist, dass du meinen Inhalt genießt.

Außerdem bist du Ästhetin und hast dir mich geleistet, um dein Lieblingsgetränk auch standesgemäß anbieten zu können, vor allem dir selbst.

Meine Schönheit erfreut also dein Auge, schon am frühen Morgen. Allerdings habe ich begriffen, dass ich dennoch Gebrauchsgegenstand für dich bin, denn deine Laudatio endet schnell in der Beschreibung deines Tuns mit mir.

Das ernüchtert mich natürlich.

Und wenn ich es recht betrachte, stehe ich die meiste Zeit nur herum, zwar mit deinem heißen Kaffee gefüllt, aber nur hin und wieder in Aktion gebracht, dir ein Täschen zu füllen. Wenn Gäste kommen, mache ich schon mal die Runde und muss auch neu aufgefüllt werden.

Gerne schaue ich dir zu, wie du mit Umsicht Filtertüten in einen Porzellanfilter steckst, das Kaffeemehl mit einem Messlöffel abmisst, ein gestrichener für eine Tasse, und in die Filtertüte rieseln lässt. Im Kocher brodelt das Wasser, wie du anschaulich schilderst. Wichtig ist dir, mein Inneres mit heißem Wasser auszuspülen, damit der Kaffee in mir länger heiß bleibt. Würdest du es nicht tun, wäre er nach dem Mittagessen schon ungenießbar lauwarm.

Ja, es gibt so einiges an und mit mir zu beachten, wenn mein Dienst den Grad der Vollkommenheit erreichen soll.

Dann aber beginnt der Brühvorgang, den du über all die Jahre beibehalten hast. Dich konnten die schönsten Kaffeemaschinen nicht reizen, Arbeit zu sparen. Den Geschmack eines selbst gebrühten Kaffees konnten sie dir nicht bieten.

Und dieser unnachahmliche Duft! Ich rieche zwar nichts, aber sehe dich genüsslich schnuppern.

Bleib bei deiner Zeremonie

Deine Warmhaltekanne

... von meiner Kleinbürgerlichkeit

Liebes Mitglied,

wie treffend du unsere Kritiker und Kritikerinnen darstellst.

Die Missachtung unserer Spezies hat, wie du sicher weißt, Geschichte. – Ja, wir waren einmal so etwas wie Emporkömmlinge.

Die werden gern aus Furcht, die eigene Reputation zu verlieren, kleingeredet, verächtlich gemacht und beschimpft. Das Bürgertum und das Großbürgertum, selbst Emporkömmlinge, dünkten sich adelsgleich. So ist leider des Menschen Wesen beschaffen, dass er dem Dünkel erliegt um der Selbstrechtfertigung willen.

Wir sind selbst nicht ohne Fehler. Arbeiterschaft und Hilfsarbeiter waren bei uns einmal die, auf die wir herabschauten.

Andererseits fehlte uns der finanzielle und der Bildungshintergrund, um uns neben dem Bürgertum und Großbürgertum gleichgestellt zu sehen.

Das Sich-Fühlen allein genügte nicht, da bedurfte es der Nacharbeit.

Staat und Kirchen waren hilfreiche Begleiter in ihren Werteträgern. Vertreter und Vertreterinnen unseres Standes zogen in die Parlamente ein und besetzten die Laienvertretungen.

Nivellierung wurde natürlich beklagt. Wie ist das mit der Verfassungsaussage, alle Menschen seien gleich?

Ich verliere mich ins Philosophieren.

Passt ja gar nicht zu mir.

Dein Standesvertreter

... von meiner Mouse und meinem Computer

Dear Madam,

wir melden uns als Paar bei dir, sind etwas verschnupft, dass du das offenbar bei deinen getrennten Briefen an uns nicht so gesehen hast. - Es sei dir verziehen.

Übrigens, hast du zwei für dich wichtige Handlanger vergessen zu erwähnen, deinen Monitor und deinen Drucker. Die gehören zu uns, wir sind also ein Quartett. Ohne die beiden könntest du weder sehen, was du tust noch was du erledigt hast und als Papier in der Hand hältst. Zwei Zahlen bestimmen unser Inneres, in ihrer Vielfalt an Kombinationen könntest du unsere Sprachen nicht entschlüsseln. Das ist allein uns vorbehalten.

Dass du an uns geschrieben hast zeigt, dass du uns offenbar wertschätzt. Unser Arbeitspensum für dich ist eben beträchtlich.

Wir können uns allerdings nicht erinnern, dass unsere Spezies je auf diese Weise gewürdigt worden wäre.

Geradezu poetisch kommen deine praises daher. Selbst deine kritischen Bemerkungen klingen wie Lobeshymnen. Da sind wir anderes gewöhnt.

Flüche und Beschimpfungen sind in der Regel unser Lohn, weil wir nicht so reagieren, wie die Schreibenden es sich denken. Dabei reagieren wir nur auf ihre Eingaben.

Wir sind die Gehorcher vom Dienst.

„Aktion gleich Reaktion" ist unser Wahlspruch.

Abstürze sind nicht in unserem Sinne. Sie beleidigen uns.

Zugegeben, unsere Konstruktion hat unseren Formern alles abverlangt. Aber es waren Menschen, und die machen Fehler.

Meine Festplatte, das Computerherz, ist zwar robust, in Teilen aber auch empfindlich. Es verlangt, Computergeleitet, Präzisionsarbeit. Material und Denkwerk müssen absolut übereinstimmen.

Das Mäuschen in deiner Hand ist mit Rechts- und Linksklick quasi meine „rechte Hand", dir Deine Schreib- oder Einfüge- und andere Befehle zu gestatten.

Weil du uns so pfleglich und liebevoll behandelst, ist es an uns dir dankbar zu sein.

Wir werden dir bis zu unserer Unbrauchbarkeit und Überfülle gern weiter unsere Dienste anbieten.

Yours sincerely

Mouse and Computer

… *vom Auge aus dem Mikrokosmos*

Liebe Briefschreiberin,

mir hast du zwar nicht geschrieben, aber ich habe dich beobachtet.

Aus dem Kleinen entstand das Mittelmäßige – ich meine tatsächlich das Gegenstandsmaß – am Ende durch Zusammenballung das Übermäßige.

Was Bestand hat, wird sich zukünftig zeigen.

Unruhe herrscht in mir und meinem Körper, dem Makrokosmos.

Das ist die normale Entwicklung der Schöpfung, Sachen, wie du sie nennst. Der pflegliche Umgang durch Menschen lässt zu wünschen übrig.

Du wähnst Dich im Mikrokosmos. Der, das heißt ich, ist jedoch meilenweit von dir entfernt.

Immerhin gestehe ich dir zu, dass deine Welt zu der außerhalb deines Sichtfeldes zumindest philosophisch in einem ähnlichen Verhältnis zueinandersteht.

Ich weiß es nicht, du wahrscheinlich auch nicht, ob diese beschränkte Welt einmal der literarischen Erwähnung in diesem Umfang und dieser Form gewürdigt wurde.

Mir hat es Spaß gemacht, dir zuzuschauen in deinem Ringen um Bilder und Worte, die mir schon gigantisch erscheinen.

Nicht mal Mymeter geschrieben würden sie mir

einfallen, geschweige könnte ich sie zusammenfügen zu einem Text.

Deine Einengung in der Wahl deiner Adressaten hat mir weniger gefallen.

Ich bin eben in meiner Vielfalt etwas anspruchsvoller. Deshalb melde ich mich auch zu Wort bei dir.

Ich verlange nicht von dir, dass du ein Staubkorn in seine Teile auseinandernimmst und ihm deine Reverenz erweist. Das ist etwas für Spatzenhirne. Selbst die trauen sich da nicht ran. –

Du lachst?

Ich werde dich weiter interessiert beobachten

und wünsche dir gute Gedanken

Dein Auge aus dem Mikrokosmos

... von meinen Nacktschnecken

Grüße aus dem Schneckenhimmel,

hast du mal unter deine Blumentöpfe geguckt?

Wir wollen es nicht beschreien.

Nur, ganz ausrotten wirst du unsere Gattung nicht.

Wir wurden in der Schöpfung gewollt.

Dass du uns mit dem Messer nachstellst, steht in deiner Verantwortung.

„Du sollst nicht töten" gilt auch für uns.

Denke mal darüber nach!

Wir ahnen, dass du, auch was uns angeht, so etwas wie ein schlechtes Gewissen hast?

Unser Schleim lässt Dich hämisch grüßen

… von meinem Küchentisch

Liebe Trägerin der Füße unter mir,

immer zu Diensten!

Dazu hast du mich ja zur Eckbank in die Küche gestellt. Du hast mich damals nach ganz bestimmten Kriterien ausgesucht. Ich bin sogar ausklappbar, sollte als Beistelltisch dienen, wenn viele Gäste in deinem Esszimmer zu bewirten wären. Dazu ist es freilich nicht mehr gekommen. Das Leben in diesem Hause hat anders gespielt. Viele Jahre hast du allein mit deinem kranken Mann zu den Mahlzeiten an mir Platz genommen.

Etwas turbulenter ging es um mich zu, wenn deine Enkelkinder den Pfannkuchen oder den Pudding bei mir genossen. Du entschuldigst dich quasi für meine Arbeit, die ich mit ausgeräumten Kühl- und sonstigen Schränken hätte. Das brauchst du nicht. Es gehört zu meinen Aufgaben, auch kleine Lasten zu tragen.

Das macht sogar Spaß und ist Abwechslung, weil ich mal Dinge zu Gesicht bekomme, die nicht nur Teller, Schüsseln oder Zeitungen sind. Deine frisch gewaschenen Tischdecken genieße ich in der Tat und den vorherigen feuchten Abwisch auch.

Am schönsten aber sind die Frühstücke mit dir, die du genießt und ich sie mit dir, einschließlich allmorgendlicher Zeitungslektüre.

Ich wünsche mir, dass du noch lange an mir Platz nimmst.

Dein Küchentisch

… von meinem Backofen

Meine Liebe,

jetzt stehe ich schon viele Wochen untätig da. Du gebrauchst mich inzwischen als Schrank für deine Bleche und Pfannen.

Das missfällt mir.

Hast du bemerkt, wie ich aufatmete als du mich kürzlich zum Aufbacken des köstlichen Streuselkuchens einer renommierten Konditorei ausräumtest, hochheiztest und für einige Minuten bei mir den köstlich duftenden Kuchen einstelltest?

Ich träume noch ein bisschen davon. Wer weiß, wann ich wieder mal in Aktion treten darf.

Dir ist inzwischen das Backen zu mühsam geworden? Nur bei Familienfesten darf ich für dich den Kartoffelgratin backen oder die marinierten Hähnchenschenkel für deine Enkelkinder.

Immerhin hast du mir in deinem Brief klargemacht, wie vielfältig ich außerdem zu gebrauchen bin.

Das macht mich ein wenig stolz, aber …
Es ist schon lange her, dass ich regelmäßig die Backarbeiten verrichten durfte, für die ich hergestellt worden bin.

Ich bin wie du, noch funktionstüchtig, aber in die Jahre gekommen.

Dennoch halte ich mich für weiteren Einsatz bereit.

Dein Backofen

… von meinem Amberbaum

Liebe Bewunderin,

bei aller Freude und Dankbarkeit für deine Worte an mich, nimmst du eigentlich nicht wahr, wie mich dein angebeteter Blutbuchenbaum bedrängt? - Das beleidigt und ängstigt mich in meiner Existenz.

Ich versuche ihm ständig auszuweichen, wenn er wieder einen Austrieb aus seiner Krone gegen mich auswirft.

An einer Seite kann ich weder Äste noch Blattwerk entwickeln. Er nimmt mir Luft, Licht und Raum.

Meine obere Krone hat allen aufrechten Wuchs verloren und neigt sich krumm in Nachbars Garten hinein.

Noch ist mein Lebenswillen ungebrochen.

Zu meinen Füßen und an freien Erdstellen gedeihen ein paar meiner Kinder in ihren grünen Sommerkleidchen.

Ich wünsche ihnen, dass sie wenigstens als Sträucher Lebensraum behalten.

Im Kampf ums nackte Überleben findet die Poesie ihr Ende.

Dein trauriger Amberbaum

… von meinen Bleistiften

Liebe Autorin, liebe schreibende Hand,

gestattet, dass ich als der Lukas-Cranach-Gewidmete, und damit einer der ältesten in deiner Sammlung, Dir auch für meine Kollegen aus dem Köcher antworte.

Mit Goethe und einem Satz aus seinem Erlkönig begannst du deinen Brief an mich. …“mich reizt deine schöne Gestalt“. War das wirklich so?

Ich denke, unser Gewicht und unsere Gebrauchsfähigkeit für dein Tun haben den Ausschlag gegeben, dass du in den Museen zugriffen hast.

Dabei wollen wir dir nicht absprechen, dass deine Verehrung für die Werke der Künstler und ihre Persönlichkeit Pate stand.

Gehe ich recht in der Annahme, dass du deine Sammlung abgeschlossen hast?

Ich hörte, du hättest das Reisen eingestellt.

Schade!

Dann werden wir keinen Zuwachs mehr bekommen und du wirst deine Korrespondenz mit uns einstellen.

Immerhin dürfen wir bei dir mitarbeiten.

Franz Liszt hast du mehrfach durch den Anspitzer drehen müssen, weil er stumpf wurde als er bei deinen Überschriftennotizen aus der FAZ mitarbeiten durfte.

Johann Wolfgang von Goethe und Friedrich Schiller

aus Weimar, Vincent van Gogh aus Amsterdam und das Exemplar aus dem Rijksmuseum dort, auch Mount St. Michael aus Cornwall stehen noch als Reserve im Köcher.

Den dreieckigen Tate Graphite Pencil aus dem Museum Modern Tate in London mit dem von dir geschätzten weichen Grafit scheust du wegen seiner Unhandlichkeit zu nutzen. Warum hast du ihn dann mitgenommen?

Wenigstens das Radiergummi von dort nutzt du, wenn dir das mit uns Notierte nicht mehr passt.

Eine für dich besondere Kostbarkeit weiß ich in deiner Sammlung, einen Stift aus Santiago de Compostella. Er ist viel gebraucht und schon recht geschrumpft. Seine rote Farbe mit den goldenen Jakobs-Muscheln ist unverkennbar gut erhalten nach so vielen Jahrzehnten. Er war der Erste in deiner Sammlung, wie wir erfuhren und steht nicht bei uns im Köcher.

Aus dem Neusser Stadtarchiv brachtest du kürzlich unseren Benjamin mit.

Insgesamt reicht unsere Schreibkapazität für ein paar Jahre aus, denke ich.

Jeder Einzelne von uns freut sich auf deine Benutzung

meint

Dein Lukas Cranach Bleistift

… von meinen Spickzetteln

Liebe Notizenschreiberin,

Ordnung halten ist nicht unsere Aufgabe. Dafür musst du schon selbst sorgen.

Immerhin findest du bisher den Zettel mit der Notiz, die du gesucht hast. Das hat Bewunderung verdient.

Gelegentlich ist es die Art der Schrift oder der Ort an dem du sie getätigt hast, die dich an den Verbleib der Zettel erinnern?

Können wir überhaupt nicht nachvollziehen. Wir liegen einfach so herum.

Bei Blocks kommst du dann ins Blättern, wirst aber fündig.

Respekt.

Dein Gespür für den nochmaligen Gebrauch begrüßen wir.

Wir sind nicht nur Wegwerfartikel.

Die Verschwendung mit Unseresgleichen stinkt uns schon lange.

Manche deiner Zettel und Blöcke finden über Jahre wegen ihrer Notizen dankbare Wiederverwendung.

Zwar rümpfen Ordnungsfanatiker die Nase über die vermeintliche Unordnung, aber sie hat ja Methode im Tun der schreibenden Kunst.

Du könntest ja mal einen Karteikasten anlegen, oder?

Ich will dir da aber nicht ins Handwerk pfuschen.

Immerhin würdest du Zeit gewinnen.

Überlege es dir mal

Deine Spickzettel

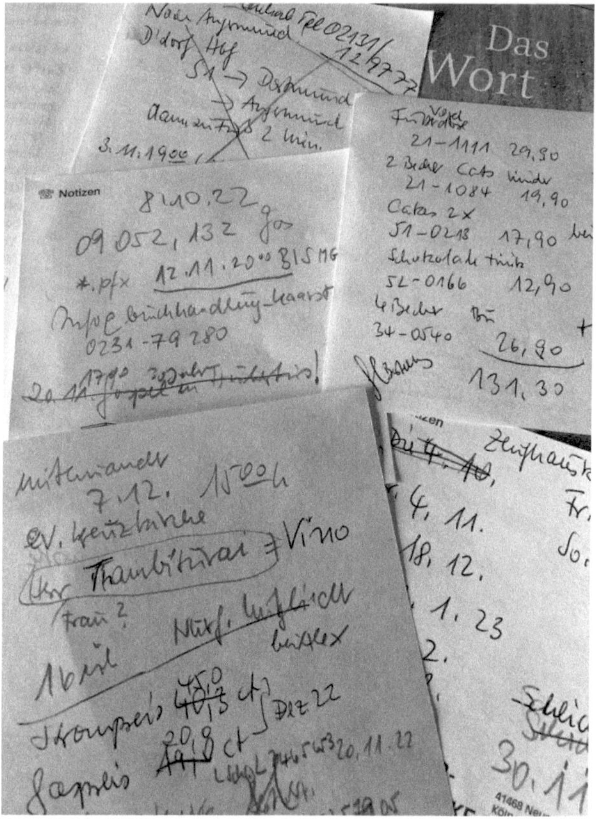

… von meinem Spiegel

Meine Liebe,

gehe nicht so streng mit dir und mir um.
Ich bilde, wie du zurecht feststellst, nur die Äußerlichkeiten ab.
Dass dir da manchmal das Deine nicht so gefällt, kann ich leider nicht ändern. Retusche ist nicht meine Aufgabe.
Ich vertrete die reine Lehre, die Ehrlichkeit, wenn du es genau wissen willst. Wenn auch die Philosophen es anzweifeln.
Einen kleinen Fehler baue ich allerdings ein, du siehst dich spiegelverkehrt.
Wenn du in mich hineinschaust, siehst du ein Bild von dir, in dem rechts links und links rechts ist.
Das verwirrt dich?
Es ist meine Realität.
Hin und wieder greifst du zu kleinen Retuschen, indem du deine Augenbrauen nachziehst, dein Unterlid am Auge mit Kajalstift markierst oder eine pudrige Creme auf deine Wangen legst.
Ist das dann noch dein echtes Aussehen?
Dann zeige ich dir die augenblickliche Realität wie du sie sehen willst.
Ich bleibe dabei, es ist die äußere Wahrheit des Augenblicks.
Anderes vermag ist nicht zu leisten.
Du weißt, wenn du in mich hineinschaust, dass alle Veränderungen in deinem Gesicht für den Moment des Hineinschauens dokumentiert sind, durch dich.
Sei froh, dass sich das Bild in mir so schnell verflüchtigt.
Traurig macht mich, dass ich dich mit dem ungeliebten Altern konfrontieren muss.

Ich weiß, dass du beginnst dich intensiv darauf vorzubereiten.
Der Blick in den Spiegel erinnert dich daran, dass deine Lebenszeit sich dem Ende nähert.
Du erinnerst dich an hübschere Bilder, die dir aus mir entgegentraten.
Dann freue ich mich über dein Lächeln, denn falschen Hoffnungen hast du dich noch nie hingegeben.
Wünschen vielleicht, aber die Realitäten standen dir immer vor Augen.
Lache mir weiter zu, wenn du an mir vorbeikommst.
Dann freue ich mich, dass es dir gut geht

Dein Spiegel

… von meiner Bratpfanne

Liebe Gemüse- und Eierköchin,

es ist schon ungewohnt für mich, nicht als die benutzt zu werden für die mein Name steht.

Hin und wieder lässt du es aber zu, dass ich deinen Gemüsen Röststoffe anbraten darf.

Natürlich vermisse ich ein gutes Fleischstück, das beim Anbraten diesen Duft verbreitet, der besonders männliche Nasen augenblicklich zum Speichelfluss im Munde bringt.

Nun muss ich mich bescheiden und froh sein überhaupt benutzt zu werden.

Durch dein Garen von Gemüsen mache ich Bekanntschaft mit Farben, dem Rot der Paprika, dem Gelb der Chicorée, dem Grün vor allem, ob es nun Spinat, Mangold oder grüne Kohlsorten sind. Auch das Weiß der Blumenkohl- und Kohlrabi-Scheiben habe ich schätzen gelernt. Ihnen darf ich etwas Bräune geben.

Manchmal schlägst du ein Ei über dem gegarten Gemüse auf.

Für mich sehr gewöhnungsbedürftig.

Glücklicherweise liebst du Kartoffeln, in Scheiben oder Würfeln mit Curry überpudert bevorzugst du sie zu braten. Da fühle ich mich dann wieder in meinem ursprünglichen Element.

Knusprig müssen sie werden, und das kann ich.

Allerdings brauche ich Zeit dafür und du Geduld, die dir manchmal abzugehen scheint.

Dann wundere dich bitte nicht, wenn das Bratgut zwar etwas helle Bräune, aber keine Knusprigkeit vorweisen kann.

Wenn deine Enkelkinder zu Besuch sind, freue ich mich sie mit Obstpfannkuchen durch dich zu verwöhnen zu dürfen.

Spannend finde ich es, wenn du Pfannkuchenteig mit Tomaten- Zwiebelscheiben, etwas Schinken, Oreganum und Basilikum gewürzt, mit Käsescheiben belegst und überbackst.

Einige deiner Gäste und auch du, lieben diese Art der Pseudopizza.

Ich freue mich dann doch, dass ich gebraucht werde.

Deine Bratpfanne

P.S. Nenne mich bitte nicht Pfännchen!

… von meinem Schlüsselbund

Liebe Beschließerin,

diese in Vergessenheit geratene Bezeichnung ist immer wieder aufschlussreich. Im Mittelalter gab es in adeligen Haushalten eine Person, die für die Wirtschaft im weitesten Sinne verantwortlich war. - Ein wichtiger Posten. - Auf Bildern sieht man noch Frauen, die einen Schlüsselbund am Gürtel tragen.

Ich bin nur noch ein Relikt aus jener Zeit, zumal die Schlüssel in der Entwicklung der Schlösser und ihrer sichernden Kompliziertheit immer kleiner geworden sind.

Du hast nun mit mir für dein Haus und dessen Behütung allein Verantwortung. Dass dazu der Schlüssel und bei mehreren ein Schlüsselbund gehört, bringt leidlich Sicherheit, denn Verführung zu unrechtem Tun lauert in der menschlichen Natur.

Tiere nehmen sich die Möglichkeit etwas zu erkunden ganz arglos.

Aber auch die willst du nicht ungebeten in deinem Hause haben.

Türschlösser verlieren ihren eigentlichen Wert, wenn sie nicht ab- und aufgeschlossen werden können. Fehlt der Schlüssel sind sie, bei den Schnappschlössern vor allem, wie Fallen. Du beschreibst anschaulich ihre Konstruktion.

Insofern kann ich deine Ängstlichkeit mich zu vergessen, verstehen.

Das silberne Herz, das du mir angehängt hast,
schmeichelt meiner Eitelkeit.

Es erinnert mich zudem ständig daran, wie wichtig ich
dir bin

Dein Schlüsselbund

… *von meinem Kleiderschrank*

Liebe Stoffträgerin,

ein bisschen despektierlich finde ich es ja schon, mich mit Hängebauch anzureden. Gut, etwas witzig finde ich es dennoch. Wenn du meine Überfülle ansprichst, habe ich sogar Verständnis dafür.

Ich bin der Ordnungsfaktor schlechthin in deinem Schlafzimmer, dabei steht noch ein zweiter Schrank mit beträchtlichem Fassungsvermögen mir gegenüber.

Was machst du mit all diesem Plunder darin?

Oh pardon!

Menschen, und vor allem Frauen, brauchen Kleidung und Wäsche um sich zu bedecken. Dass es da auch unterschiedliche Wärmequalitäten geben muss, akzeptiere ich. Dein Haushalt benötigt auch einiges an Wäsche.

Soweit das Notwendige.

Bei Farben habe ich inzwischen Zweifel, weil es in der Typenlehre Farbenzuweisungen gibt, deren Beachtung manchen Fehlkauf verhindern würde. Da hängen so einige Kleidchen unbenutzt in meinem Innern. - Was soll das?

Dein Selbstlob, was die Räumarbeiten in deinem Wäschefach angeht, muss ich inzwischen zurückweisen. Es quillt wieder über. Die Hemdchen und Höschen, die du nicht entsorgt hast, weil du glaubtest, sie noch einmal tragen zu können, sind ans Ende des Stapels gerutscht, darüber liegt die Neuware, die du jetzt bevorzugst.

Auch wenn du nicht zu jeder Saison neue Kleidung kaufst, ich leide immer noch unter der Enge der Hängung. Da muss noch einiges dir Liebgewordene, vor allem aber Nichtgetragenes, den Platz räumen.

Nur Mut!

Dein Kleiderschrank

… von meinen Martinspüfferchen

Liebe Winterbäckerin,

bald ist es wieder soweit …

Backst du auch in diesem Jahr wieder meine beliebte Spezies?

Ich sehe dich ein wenig traurig den Kopf schütteln.

Die Zeiten sind vorbei?

Du signalisierst mir aber, dass mein Duft immer in Deiner Erinnerung bleibt.

Die Lebensgewohnheiten von damals und damit die Essgewohnheiten haben sich geändert.

Hier und dort bin ich noch auf der Speisekarte.

Bei dir sind die Kinderbesuche und die Erwartungen an den Martinstag zu Ende gegangen?

Schade!

Ich freue mich, dass ich in Deinen Erinnerungen einen Platz gefunden habe.

Deine Martinspüfferchen

… von meiner Kaffeetasse

Schlürf, schlürf zurück,

heute Morgen trafen wir uns wieder, wie jeden Morgen und an den Nachmittagen auch noch einmal.

Nutzen und Freundschaft liegen bei uns eng beieinander.

Es ist aber auch ein traumhaftes Gesöff, dieser Kaffee. Schmeckt und riecht gut.

Ich entdeckte, dass du inzwischen Biokaffee bevorzugst und er sollte nicht zu stark geröstet sein.

Übrigens, auch bei meinen Artgenossen beweist du einen guten Geschmack.

Ausgesuchtes Porzellan.

Ich pflichte dir bei, dass ein wertvolles Getränk auch aus wertvolleren Gefäßen genossen werden sollte.

Der „Kaffeepott“ wird dem überhaupt nicht gerecht. Da geht es um Masse, nicht um Qualität.

Wobei ich in seiner Art auch schon elegantere, kleinere Exemplare mit schönem Dekor gesehen habe.

Bleibe bei deiner Art Kaffee zu genießen.

Ich stehe gern bereit, deinen Genuss zu vervollständigen.

Deine Kaffeetasse

… von meinen silbernen Löffeln

Liebe Silberliebhaberin,

es beruhigt uns nur teilweise, dass du nicht beabsichtigst, dich von uns zu trennen.

Haben ist das Eine, Lieben ein Anderes. Wie wir dich einschätzen, erfreut dich unser Anblick.

Wir sind nicht alle aus hochkarätigem Silber, wie du weißt. Eine neunziger Legierung hat sich als gebrauchstauglicher im Alltag erwiesen.

Aber auch die lebt mit dem Makel, zur Reinigung nicht in die Spülmaschine zu dürfen. Da bekommen wir unansehnliche Flecken.

Zu Familienfesttagen hast du am Ende die Handspülarbeit mit uns.

Freilich spielt dann immer ein Lächeln um deinen Mund, wenn du uns sogfältig abtrocknest. Kann es sein, dass du meditative Anwandlungen dabei bekommst? Das anschließende Einordnen in die bordeauxroten Blöckchen ließ uns auf den Gedanken kommen. Warst du befriedigt, uns alle wieder an Ort und Stelle zu wissen? Die liebevolle Abdeckung mit den Silberputztüchern könnte ein Zeichen dafür sein.

Ja, wir laufen gern etwas dunkel an, wenn wir in Berührung mit Sauerstoff kommen. Unser Silberglanz braucht Pflege. Für das Putzen braucht es Zuwendung, Zeit und Muskelkraft.

Die wollt ihr modernen Menschen nicht mehr für uns aufwenden. Schade.

Im Lauf der längst vergangenen Jahre kauftest du alte 800ter Silberlöffel und Vorlegebestecke aus England und Skandinavien dazu.

Vor allen Dingen deine Kaffeetafeln mit Freundinnen und Familie zu Festtagen wolltest du edler gestalten. Dazu gehörten dann auch alte Leinendecken mit reich umhäkelten Kanten und teure Porzellangedecke mit blauer Bemalung.

Na, wolltest du ein wenig angeben?

Uns sollte es recht sein, von deinen Gästen besonders bewundert zu werden.

Seit einiger Zeit fehlt uns jetzt aber der Gebrauch. Wir liegen hier nur unnütz herum.

Wo sind deine Gäste geblieben?

Etwas verschnupft uns, dass du, wenn sie denn kommen, selbst für sie die Stahlbestecke auflegst.

Müssen wir auf deine Erben warten, die uns dann endgültig abwickeln werden, weil wir nicht mehr in die Zeit passen?

Es hat uns geängstigt, dass du deinen Brief an uns so ironisch begonnen hast …

In Unruhe aus der Schublade

Deine Silberlöffel nebst Anhang

… von meinem Router

Liebe Computeruserin,

ich darf dich ich wohl so nennen, denn ich stelle mit einem Seitenblick fest, dass du mehr Zeit mit ihm als mit Menschen oder anderen Beschäftigungen verbringst.

Was ist da los, Mensch?

Ich stehe ja gern bereit, dir die Verbindungen ins sogenannte Netz zu ermöglichen.

Da laufe ich ja auch mal heiß, dir zuliebe.

Wenn es nicht mehr geht, streike ich, dir zuliebe.

Du aber hast nichts Eiligeres zu tun, als den Knopf an meinem Hinterteil zu drücken und mich zum Weitermachen anzustacheln. Dem ich dann ja auch folge.

Du hast mich beim Wickel.

Ich weiß, wie wichtig dir das Schreiben seit Jahren geworden ist, und ich sehe es mit meinem Bruder Computer auch mit Wohlgefallen, wie du aufblühst, wenn deine Ideen sprudeln, wie dein Geist Gedankengut im Gleiten über die Tasten des Schreibbretts verarbeitet.

Nur, lege bitte hin und wieder eine Pause ein.

Das tut dir und mir gut.

Dein immer wieder bereiter Router

… von meinen Bücherregalen

Liebe Leserin,

Bücher sind dir wichtig. Sonst hättest du sie nicht bei uns eingestellt. In vielen Jahrzehnten ist einiges zusammengekommen.

Langsam brechen wir hier aber unter den diversen Erzählungen und Romanen, den opulenten Bildbänden und zahllosen religiösen Inhalten zusammen.

Dass einige literarische Schätze dabei sind, wissen wir.

Leider ist nicht alles, was du gekauft und geschenkt bekommen hast, von wirklichem Wert.

Du musst mal Ordnung schaffen.

Trenne Dich!

Wir danken es Dir!

Von Zuordnung zu Autoren oder Inhalten hältst du wohl nicht viel?

Das betrübt uns. Da könnten wir hilfreich sein.

Wenn du etwas suchst, vergeht Zeit, denn nur so ungefähr weißt du, wo du ein bestimmtes Buch finden kannst.

Lediglich die Klassiker hast du ordentlich zusammengestellt.

Immerhin durchstöberst du unsere Inhalte gelegentlich. Dann verlierst du dich ins Anlesen.

Wir schauen erleichtert dabei zu, müssen die Bücher aber wieder annehmen, an anderer Stelle zwar.

Ob du sie da wiederfinden wirst?

Viele Bücher sind es wirklich nicht wert, zurückgestellt zu werden. Wenn du dich nur entscheiden könntest sie zu entsorgen.

‚Bücher vernichtet man nicht' – ist es das, was dich davon abhält?

Du gehörst der Generation an, in der Bücher verbrannt wurden? Das erklärt einiges. So ergeht es dir auch mit Brot, mit Lebensmitteln überhaupt?

Es macht einiges verständlich, aber wir leben in einer Zeit des derartigen Überflusses, bedauerlicherweise sogar der Überflüssigkeit, dass Aussortieren nottut.

Etwas neidisch blicken wir auf deine Bücherstapel auf der Wohnzimmeranrichte. Alles signierte Neuerscheinungen. Die täten uns auch gut!

In Erwartung deiner baldigen Entscheidung

Deine Bücherregale

… von meinem Schreibsekretär

*Liebe Briefschreiber*in,

da fällt gerade wieder dein gefälliger Blick auf mich.

Für manche Menschen, wie auch für dich, bin ich eine Schönheit, ein Stück Möbel aus älterer Zeit, für das sich die Entwerfer und Erbauer einiges haben einfallen lassen.
Weichholz war ihr Grundwerkstoff.
Irgendwann landete ich auf dem Speicher, ungeschützt dem Staub und den unterschiedlichen Temperaturen in Sommer und Winter preisgegeben.
Dann wurde das Haus verkauft. Ich musste raus und wurde von Menschen in ein Lager verschoben. Neben vielen anderen Schränken fristete ich ein unbeachtetes Dasein. Eines Tages jedoch blieb ein Restaurator vor mir stehen, zeigte auf mich und kaufte mich für kleines Geld. Er machte dem Lagerhalter klar, dass an mir vieles zu reparieren und aufzuarbeiten sei, bevor er mich weiterverkaufen könne.
Starke Männer packten zu und luden mich auf das Fahrzeug meines neuen Eigentümers. Es vergingen Jahre bis ich zur Zufriedenheit des Restaurators in diesen Zustand gebracht wurde, den du kennst.
Endlich erschien ich auf der Kaufliste seiner Firma. Und du verliebtest dich in mich, bestelltest und ich wurde dir geliefert.
Nun hast du dich in mir eingerichtet: Papier und Schreibzeug vieler Art, Gegenstände ihrer Größe und ihrem Nutzungswert entsprechend untergebracht.
Ich weiß, dass dir die vielen kleinen Schubladen mit ihren gedrechselten Holzknöpfen besonders gefallen.
Geheimfachqualität besitzen zwei schmale Auszüge, die nicht als ausziehbar erkennbar sind, die auch du erst zufällig entdecktest.

Sie beherbergen jetzt deine Bleistiftsammlung.
Nichts, was geheim zu halten wäre, aber ich hüte sie für dich.
Damit auch jeder, der zu Besuch kommt, meine Schauseite bewundern kann, hältst du die Schreibklappe immer geöffnet, sie dient dir mehr zur Ablagefläche als zum Schreiben.
Das bedaure ich, muss mich aber damit abfinden, dass du den neben mir stehende Computer auf seinem Spezialtisch zum Schreiben bevorzugst.
Deine Bleistiftnotizen darf ich mittragen.
Immerhin reicht es weiter für Trauerpost und Festtagsgrüße, wenn du für Freundinnen zu Füllfederhalter mit Tinte greifst.

Dann strahlt

Dein Schreibsekretär

… von meinem Wasserhahn

Liebe Trinkerin,

erinnere ich mich recht, dass ich der Erste war, an den du einen Brief – übrigens, eine klasse Idee – gerichtet hast?

Dass ich der Erste sein durfte, zeigt mir, wo deine Prioritäten damals lagen. Ich bin dann allerdings in die Mitte des Buches gelangt. Mitte ist ja achtbar.

Jetzt aber zur Beantwortung deines Briefes:

Dabei gefiel mir deine Idee, du müsstest dein Zähneputzen an die Regentonne verlegen, wenn ich dir nicht Zubringerdienste leistete, am besten.

Übrigens Kran und Hahn haben tatsächlich unterschiedliche Funktionsweisen. Der Kran ist bekanntlich – das weiß man aus der Bauwirtschaft, beweglich, ich bin es von der Grundkonstruktion her nicht. Nur, wenn man mir ein bewegliches Anhängsel, wie einen Duschkopf oder ein Schwenkteil anschraubt bin auch ich eine Kranform.

Hahn und Küken verwirren dich. Tatsächlich gibt es keine sinnvolle Erklärung dafür. Zu Albrecht Dürers Zeiten zeigte eine Zeichnung den Absperrgriff so gestaltet, dass er einem Hahn glich.

Ob dann der innere Stopfen den Namen Küken bekam, ist ungewiss.

Es ist in diesem Zusammenhang wie bei der „Henne und dem Ei“: Wer war zuerst da?

Kükenhähne, wie man uns nannte, sind inzwischen kaum noch gebräuchlich. Es gibt wie bei vielen Sachen inzwischen andere Innenkonstruktionen.

Das siehst du auch an der äußeren Form der heutigen Armaturen, es sind in der Regel Hebel, die auf und ab oder seitlich bewegt Zufluss und Sperrung bewerkstelligen und keine Drehverschlüsse. Ich war eben noch entwickelbar.

Ich danke dir, dass du so häufig das Wasser zu dir nimmst, was ich dir spenden kann. Es ist von hervorragender Qualität, deshalb Trinkwasser genannt.

Natürlich weiß ich, dass ich quasi Zwischenhändler der Wasserwerke bin.

Ihr lebt in unsicheren Zeiten. Der Regen fehlt, die Flüsse führen Niedrigwasser und Starkregen landet ungebremst in den Kanälen der Städte oder schwemmt fruchtbare Erde in die Meere.

Deine Erinnerung daran, dass in deiner Jugend Wasser abgesperrt wurde und also nicht so selbstverständlich wie heute zur Verfügung stand, lebt in dir zurzeit wieder auf.

Ich wünsche dir, dass du Wassermangel nicht mehr erleben musst

Dein Wasserhahn

… von meinem Weißen Vogel

Meine Liebende,

hin und wieder sehe ich dich trauern.

Das Trauern wird dich nicht endgültig verlassen, weil dir die letzte Erfüllung nicht zuteil wurde.

Du schaust mich, deinen Boten an, und ich nicke dir aufmunternd zu.

Dein Leben hat sich positiv verändert, ist so voll von unerwarteten Begebenheiten und Menschen, so voll von deinen Schreibideen. Glaube mir, er hat dich im Blick und ist bei dir.

Das ist die Fülle der Erinnerung: Sie glättet die gefühlte Nicht-Erfüllung, lässt das halbe Glas voll sein.

Genieße sie, sie bleibt immer in deinem Herzen.

Ich möchte, dass du dir des Glücks bewusst wirst, das dir durch diese kurze Liebesbegegnung für dein weiteres Leben gegeben wurde.

Ich weiß, du arbeitest tapfer an dieser Sichtweise.

Bravo!

Wenn du einmal nicht mehr meine Begegnungen wünschst, musst du es mir sagen. Dann ziehe ich mich schweren Herzens zurück.

Du und dein Liebster sind mir wichtiger als mein Zwischen-euch-Sein.

In Innigkeit

Dein Weißer Vogel

… von meinem Schnurlostelefon

Liebe Technikbewunderin,

das geht ja wie Öl hinunter, wenn ich es denn wirklich benötigte, ich meine deine Elogen auf die Entwicklung der Apparatetelefonie.

Ich kann dir nur bedingt beipflichten.

Weißt du, dass ich früher dich und andere Telefonbenutzer immer wieder bedauert habe, weil die Schnur entweder nicht reichte, um an einem von meinem Standort entfernteren Ort zu sprechen.

Je älter die Anlage wurde und je mehr benutzt, verdrehte, verhedderte sich das einmal ordentlich in Windungen verlaufende Kabel zu einem unansehnlichen Knäuel, dass ihr nur mit Trudeln des Hörers im freien Raum entwirren konntet. Zurück blieb dennoch ein schlappes Etwas von Kabel.

Jetzt aber floatet ihr mit uns frei herum, in den Räumen eurer Wohnungen und Häuser, in euren Gärten und auf euren Balkonen, dank W-Lan und Funk.

Ein Display zeigt euch eure eingegebene Telefonliste an und bestätigt euch nach einem Klick die Wahl der richtigen Nummer.

Ich kann deine Lobeshymnen verstehen, aber der Entwicklungen ist noch kein Ende abzusehen.

Die meisten Menschen nutzen nur noch ihre wirklich freifloatenden Handys, huschen durchs All.

Ich befürchte, meinen Job endgültig zu verlieren und bin deshalb mit Festnetzanschluss

Dein dankbares Schnurlostelefon

… von meinem Radio

Liebe Hörerin,

Hinhören ist eines, Auffassen und zum Wissenspolster verarbeiten ein Anderes.

Die Dauerberieselung ist zwar eine Möglichkeit, mich zu nutzen, aber sie gefällt mir nicht und wird den mit oft großem Arbeitsaufwand erstellten Beiträgen nicht gerecht.

Ich akzeptiere, dass deine Interessen nicht bei allen Sendungen liegen, wenn also nicht, dann bitte abschalten.

Das spart Ressourcen, worüber jetzt alle Welt redet, ohne zu wissen, was es in Wahrheit bedeutet.

Strom gehört dazu.

Dass du den Deutschlandfunk als Sender ausgewählt hast, gefällt mir. Ich weiß, dass du Informationssendungen schätzt.

Da bist du beim Deutschlandfunk an der richtigen Hörstelle. Ich weiß auch, dass dir die Unterhaltungsmusik, sei es Beat, Rock oder Schlager überhaupt nicht gefällt. Da bist du in der Senderwahl ebenfalls mustergültig.

Du nennst mehrere Apparate an unterschiedlichen Stellen im Haus dein Eigen.

Nur einer ist dafür ausgelegt, deine beträchtliche Sammlung von sogenannter E-Musik abzuspielen. Sonntags vor allem beim Frühstück oder wenn du ein seelisches Tief hast, komme ich dir damit entgegen und freue mich, dir damit nahe sein zu dürfen.

Technik ist mein Sein und Innenleben, meine einzige Daseinsberechtigung. Ich kann Töne empfangen und sie über Lautsprecher weitergeben. Gefühle sind mir fremd.

Nimm die Behauptung mit dem Nahesein bitte nicht ganz ernst. Es entspricht nicht meiner Natur.

Dass du so viele Möglichkeiten an mir entdeckt hast, Menschen zu erfreuen, zu bilden und zu unterhalten, hat mich gefreut.

Dass du mich digital wie auch analog mit der Zugabe deiner Schallplatten nutzen kannst, ist in heutiger Zeit der Computer und Handys fast archaisch.

Ich bin dir dankbar, dass du mich noch so nutzt

Dein Radio

… von den Kosmetika

Liebe Kosmetikgegnerin,

wenn du Kosmetikartikel so wenig schätzt, wozu schreibst du uns einen Brief? Willst du uns eins auswischen? Immerhin stehen wir in einigen Tiegeln und Tuben, in Sprühflaschen und als Augenmakeup- und Nagellackentferner-Pads bei dir herum. Auch flüssige Seife nutzt du, das Shampoo und das Duschgel zur Körpergrundpflege. Das gehört in unser Styling, wie wir uns neudeutsch gern formulieren lassen. Von Augenbrauen- und Kajalstift gar nicht zu reden.

Was also willst du uns sagen?

Gestatte, dass wir als die Industrie auf deinen Brief antworten:

Wir lassen uns mal auf eine Spekulation ein.

Kann es sein, dass du die Fülle der verschiedenen Marken ablehnst?

Kann es sein, dass du die Preise als überhöht geißelst, die einige weltweit agierenden Topmarken den Käufern und vor allem Käuferinnen abnehmen?

Kann es sein, dass du der Meinung bist, die Einnahmen der Firmen stünden in keinem Verhältnis zu ihrem Einsatz für das Produkt?

Kann es sein, dass du den wissenschaftlichen und pseudowissenschaftlichen Berichten über unsere mangelnde Wirksamkeit erlegen bist?

Dass du ein einziges Mal, deiner Meinung nach,

schlecht beraten wurdest, macht doch nicht die ganze Branche fragwürdig.

Es tut uns leid, dass du dich einmal über den Tisch gezogen fühltest und für dich die Entscheidung trafst, unsere Produkte nicht zu brauchen. Was, wie oben ausgeführt, nicht absolut dasteht.

Wir geben zu, dass wir mit einigen Produkten für Wenigverdiener unerreichbar sind. Dafür haben wir, freilich unter anderem Namen, preiswertere Produkte im Angebot.

Du hast sie für dich bevorzugt.

Andere Kunden mögen den Glamour, das Gefühl etwas Besonderes, Finanzstarkes zu sein.

Warum sollten wir da Wünsche nicht befriedigen? Nachfrage bestimmt das Angebot!

Wir respektieren deine Sichtweise,

bleiben aber bei der Unseren

Die Kosmetikindustrie

… von meinem rechten Daumen

Liebe Daumenlutscherin,

ich weiß, ich weiß, diese Zeiten sind endgültig vorbei.

Immerhin erinnerst du dich an mich. Und ich mich an dich, in der Dauerverformung deines rechten Daumens. Das weist auch deutlich darauf hin, dass du Rechtshänderin bist. Stimmts?

Was waren das für Zeiten, wo ich dir deiner Meinung nach einziger Trost sein konnte.

Wie eng waren wir miteinander verbunden.

Dein Saugtrieb war stark und ich junger Daumen diesem Sog kaum gewachsen.

Du warst als Säugling Flaschenkind gewesen und hast dir dort deine letzte Befriedigung für das weitere Leben, das ein Säugling braucht, nicht erfüllen können.

Deshalb kam ich bei dir zum Zuge.

Dein Vater vor allem hat mich dir, als du schon Kleinkind und größer warst, immer wieder entzogen. Senf wollte er auf mich schmieren, damit du mich verabscheuen würdest. Das ist am Ende glücklicherweise nur eine Drohung geblieben.

Als gehorsames Kind hast du nur noch heimlich an mir gelutscht und mich schnell aus dem Mund genommen, sobald Vater oder Mutter auftauchten.

Wir waren eine eingeschworene Gemeinschaft.

Du wurdest erwachsen und ich entbehrlich, weil du lerntest deine schlechten Lebensereignisse durch viele gute zu kompensieren.

Ich erinnere mich gern, dass ich bei schlechten Träumen wieder zur Stelle sein musste. Dein Erschrecken darüber habe ich zur Kenntnis genommen, meinen Einsatz aber genossen.

Wir bleiben einander zugeneigt

Dein ehemaliger Lutschdaumen

… *von meinem Nussknacker*

Liebe Nussesserin,

zur letzten Weihnachtszeit habe ich Dir gern wieder eine gute Portion Nüsse geknackt.

Jetzt stehe ich in meiner smarten Uniform, die du so zutreffend beschrieben hast, untätig herum.

Ich bin froh und dankbar, dass du mich nicht zu den Weihnachtssachen in den Wandschrank am Ende des Flurs gepackt hast.

Auf deinem Schreibsekretär stehend, erhasche ich wenigstens hin und wieder deinen freundlichen Blick.

Isst du im Sommer keine Nüsse?

Ein paar jeden Tag sollen gesund sein.

Du kaufst dafür fertig ausgelöste Nusskerne?

Das ist Verrat!

Ich ahne, dass ich zur Dekoration verkomme, schon verkommen bin.

Das schmerzt mich

Dein Nussknacker

… *von meiner Kunstsammlung*

Verehrte Hin-und-wieder-Sammlerin,

sehe ich das richtig, dass du nicht die Kennerin, sondern die Gefallerin bist? Sei mir nicht gram, das klingt etwas despektierlich. Beides hat seine Berechtigung.

Immerhin hast du viele unterschiedliche Werke in dein Haus geholt, nachdem du dich mit den Künstlern und Künstlerinnen ausgetauscht hattest.

Außerdem bist du zu einer regelmäßigen Galeriebesucherin geworden. Da haben die Werke der Kunstschaffenden die Chance, dass dein Blick sie erstaunt, manchmal sogar liebend trifft.

Sicher stünde das eine oder andere Kunstwerk weiter in den Ateliers und Abstellräumen herum, wenn du es nicht gekauft hättest?

Mit der Hängung stehst du etwas auf Kriegsfuß.

Zu deinen Lesesalons in der Vergangenheit hattest du Künstlern und Künstlerinnen der Region Gelegenheit gegeben, bei dir an der „langen Wand“ ihre Werke auszustellen, Löcher und Nägel blieben zurück. Die nutztest du zur Hängung dessen, was du inzwischen gesammelt hattest.

Petersburger Hängung ist das nicht.

Dankbar bin ich trotzdem

Deine Sammelkunst

… von meiner Fotogalerie

Liebe Familienfrau,

die Zeiten, in denen mehrere Generationen in einem Haus zusammenwohnten, sind lange Geschichte.

Du verließest deine Eltern, bautest ein Haus mit deinem Mann, deine Kinder verließen euch, schafften sich ein eigenes Nest.

Euch und ihnen war die Freiheit ein Anliegen.

Beengte Wohnverhältnisse zudem ließen ein Beieinanderbleiben nicht zu. - Die Lebensweisen unterschieden sich sichtbar.

Ist dir bewusst, dass durch die Trennung mancher Streit vermieden wurde?

Dankbar nehme ich wahr, dass Dir deine Herkunftsfamilie und insbesondere Dein verstorbener Mann, Deine Kinder und Enkel am Herzen liegen, Du stelltest ihre Fotos bei dir auf.

Ich sehe Dich sie gelegentlich mit einem liebevollen Blick auf jeden von ihnen ordnen, wenn du meinst, sie sollten einen anderen Stellplatz haben.

Die Bilder der Verstorbenen halte ich für Dich in Ehren. Manche sind Jahrzehnte alt und nur in schwarz/ weiß aufgenommen, aus anderen lachen dir deine Kinder und Enkel in verschiedenen Augenblickssituationen entgegen.

Ich sehe dich zurücklachen mit leichter Wehmut, denn du siehst die Lebenden nur noch zu besonderen Festtagen.

Ihr Alltag ist zeitlich durchgetaktet, wie sie dir sagten, … keine Zeit, keine Zeit! … zum kurzen Sehen.

Whats App und kurze Telefonate ‚wenn was ist' sind an die Stelle getreten. Hin und wieder eine E-Mail.

Deshalb freue ich mich umso mehr, dass du mir aus der zusätzlichen Einsamkeit der Pandemiezeit geschrieben hast.

Meine Fotos waren dir in der Zeit sicher ein großer Trost.

Ich helfe dir gern beim Erinnern

Deine Fotogalerie

… *von einem ganz bestimmten Bilderrahmen*

Kunst und ihr Gefallen liegt, wie man sagt, im Auge des Betrachters…

Ich will ergänzen, … und in seinem Herzen.

Mich als Bilderrahmen anzuerkennen, bedarf einiger Überwindung der alltäglichen, gebräuchlichen Sichtweise auf das Objekt.

Ich war eine Türhälfte, einmal weiß gestrichen, mit schmalen gedrechselten Rahmen ins Dreidimensionale aufgepeppt. Ich erinnere mich nicht mehr wo ich Dienst tat. Denn ich wurde Opfer eines Brandes und war schwer traumatisiert.

Künstlern ist ein eigener Blick auf Sachen zu eigen. Ich eignete mich für eine Idee, Pferdeköpfe in mich hinein zu komponieren.

Fertig geworden ist die Malerei nie.

Als du ins Atelier kamst, stand ich in einer Ecke, abgestellt, für später einmal oder zur Entsorgung?

Du entdecktest mich und verliebtest dich auf der Stelle. Mein Erstaunen kannst du dir überhaupt nicht vorstellen.

Der Künstler lieferte mich dir ins Haus. Ein Nachbar half dir, mich an der Wand in der Diele so zu befestigen, dass mein Gewicht auf Dauer aufgefangen wurde, denn ich bin aus massivem Holz getischlert.

Ich weiß, du schaust mich immer wieder an, entdeckst Einzelheiten in den Pferdeköpfen und im Abblättern der alten Anstreicherfarbe. Du bleibst gelassen. – Danke!

Ich bin alles andere als ein gewöhnliches Bild an der Wand.

Dein Türbilderrahmen

… von meinem alternden Körper

Du bist aber mutig!

Das habe ich noch nicht an dir kennengelernt, dass du dich mit der Veränderung meines Erscheinungsbildes und mit den negativen Gegebenheiten des Alterns beschäftigt hättest. Das vermeiden Menschen in deinem fortgeschrittenen Alter in der Regel.

Sie trauern ihrer Jugendlichkeit nach oder versuchen sie durch Äußerlichkeiten zu verschleiern. Sei ehrlich, Altfrauenkleidung ist nicht dein Ding. Du kennst sie aus Fotos deiner Großmütter und Tanten.

Deshalb bewundere ich deine Geschicktheit in der Auswahl zeitloser Kleidung mit kleinen modischen Akzenten. Mit knalligen Farben und Mustern hältst du dich zurück. Deiner Figurveränderung passt du dich in der Kleiderwahl an, wobei Dir die Hosenmode für Frauen sehr zupass kommt. - Gut so.

Das Leben hat dich gelehrt, dass Bewegung wichtig in der Lebenserhaltung ist. Für die Beweglichkeit deines Gehirns liest du viel und arbeitest an Texten mit deinem Computer. – Bravo.

Du bist erstaunt, dass ich das wahrnehme?

Immerhin reagiere ich, dein Körper, darauf.

Ich halte mich bereit, weiter altersgerecht zu funktionieren, damit dir dein Alltag lebenswert bleibt.

Deine Entscheidung, dich möglichst gesund zu ernähren, begrüße ich besonders.

Du hast es vor allem in Griechenland, dem Land deiner Liebe, schätzen gelernt.

Außerdem kann ich mich erinnern, dass du eine Zeit lang intensiv und voll überzeugt öffentlich daran gearbeitet hast, den Menschen deiner Stadt regionales und saisonales Essen schmackhaft zu machen. Ich, dein Körper war überall dabei.

Auf die dir negativ erscheinenden körperlichen Unpässlichkeiten gehe ich gar nicht erst ein. - Nimm sie gelassen hin.

Ich helfe dir dabei

Dein alternder Körper

Nachtrag

Mein Buch „Briefe an …“ endete ungewöhnlich. Ich verließ damit aus emotionaler Betroffenheit im Aktuellen meine literarische Linie.

Die Gesellschaften sind bis heute gespalten in ihren Beurteilungen ungeheurer Geschehnisse.

Ich habe meine Entscheidung getroffen.

Wenn die ungerechten Machtstrukturen sich nicht auflösen, bleibt meine Entscheidung eine endgültige und die entsprechenden Institutionen sind Sachen, zu denen nichts mehr zu schreiben ist.

Auch im Skript-Verlag erschienen:

Neuss: *literarisch*

Herausgeberinnen:
Eleonore Hillebrand, Maria Lange-Otto

Über 60 Geschichten und Gedichte von 29 Autorinnen und Autoren aus der Region: spannend, besinnlich, lustig, überraschend …

Taschenbuch, 13,5cm x 21,5cm
236 S.
ISBN 978-3-928249-61-4
ISBN 978-3-928249-62-1, e-Book
Skript-Verlag 2020

RUND & GIFTIG

Tagebuch einer Daheimgeblie-benen

von: Eleonore Hillebrand
Persönliche Notizen aus dem Jahr 2020. Ein beeindruckendes Zeitdokument.
Taschenbuch, 12cm x 19cm
112 S.
ISBN 978-3-928249-63-8
Skript-Verlag 2021

www.skript-verlag.de

Geteilte Tage

Geschichten von:
Maria Lange-Otto

Geschichten von Maria Lange-Otto ziehen hinein ins Geschehen, in ihre liebevoll philosophische Denkweise, deren Hintergründigkeit oft erst nach zweimaligem Lesen oder Hören offenbar wird. Stilistisch sind es gedankliche Kleinodien einer Frau, die Dinge und Menschen nach innen hin durchdringt und sie durch ihre Erzählung lebendig macht. Dreh- und Angelpunkt ist die Liebe in ihrer Vielfalt.

Taschenbuch, 12cm x 19cm, 146 S.
ISBN-13: 978-3-928249-67-6
Skript-Verlag 2021

AUF BLÄTTERN

Gedichte von:
Eleonore Hillebrand

Auf Blättern heißt das kleine Meisterwerk, in dem Eleonore Hillebrand Gedichte aus 20 Jahren literarischen Schaffens zeigt. Der versierte Leser weiß, Gedichte schreiben ist Arbeit. Gute Gedichte kommen nicht leicht aufs Papier, die Worte finden und formen sich nicht schnell, ihr Sinn öffnet sich erst im wiederholenden Lesen.

Taschenbuch 12cm x 19cm, 126 S.
ISBN 978-3-928249-64-5
Skript-Verlag 2021

www.skript-verlag.de

Weiter Blick

Kurzgeschichten von:
Maria Lange-Otto

Wie verhält sich ein Mensch im Auf und Ab des Lebens? Die Kurzgeschichten erzählen einfühlsam von Abschied, von Leere und Neubeginn, hinterfragen das Wesen von Zeit und Raum. Umrahmt von der allgegenwärtigen Natur erzeugen sie eine leise Spannung, trösten erfahrenes Leben, sind eingebettet in größere Zusammenhänge. Ein Buch, das hilft, eigenes Leben widerzuspiegeln und Zuversicht zu finden.

Taschenbuch, 12cm x 19cm, 102 S.
ISBN 978-3-928249-96-6
Skript-Verlag 2022

Briefe an ...

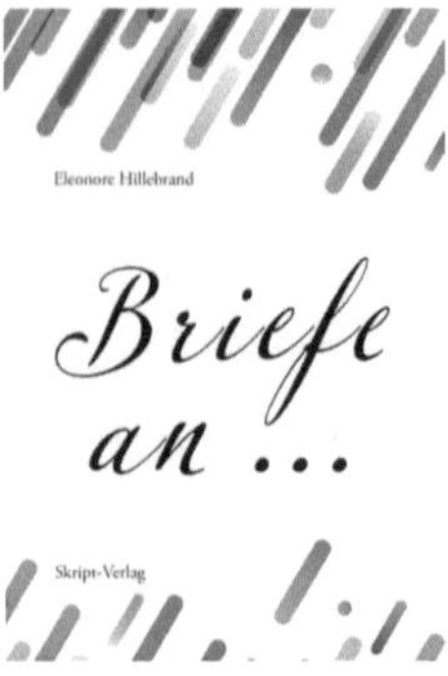

von: Eleonore Hillebrand

Ob wir sie so erkennen, die kleinen oder größeren Gegenstände des Alltags, die einem selbstverständlich geworden sind und deshalb kaum geachtet?
Eleonore Hillebrand beschreibt in „Briefe an …“ Geschichten mit Liebe, Wertschätzung oder auch nur mit nüchterner Erkenntnis. Mit der subtilen Betrachtung erleben wir das Wiedersehen dieser Dinge. Das lässt uns nach der Lektüre mit wohligem Schmunzeln zurück.

Taschenbuch, 12cm x 19cm, 102 S.
ISBN 978-3-928249-96-6
Skript-Verlag 2022